ANGELIKA ILIES

KURZGEBRATENES

Das Rezept zum Umschlagbild finden Sie auf Seite 44

Schnelles für die heiße Pfanne

Minimaler Aufwand – maximaler Genuss. So einfach lässt sich Kurzgebratenes beschreiben. Schnell vorbereitet, kurz und auf den Punkt gegart. Jeder liebt es, immer wieder, immer wieder anders. Lassen Sie sich inspirieren – von Schnitzel oder Steak, Kotelett oder Medaillon, im Ganzen gebraten oder geschnetzelt, gerollt oder auf Spieße gereiht.

Welches Fleisch eignet sich fürs Kurzbraten?

Von welchem Tier auch immer – gerade bei Kurzgebratenem ist die Qualität des Produkts superwichtig. Sonst bleibt, bedingt durch die kurzen Garzeiten, der Genuss auf der Strecke. Gehen Sie zu einem guten Metzger! Bei extremen Billig-Angeboten der Supermärkte oder Discounter können Sie wenig erwarten. Schauen Sie genau hin! Liegt das Fleisch bereits im eigenen Saft, ist es nicht gut abgehangen. Vorsicht bei Abgepacktem, dort wird gern getrickst: eine Einlage zwischen Fleisch und Schale saugt den Fleischsaft auf und macht ihn auf den ersten Blick unsichtbar.

Noch ein Tipp: Halten Sie sich nicht sklavisch an die verwendeten Fleischsorten in den Rezepten. Wenn Ihnen Kalbsfilet zu teuer ist, nehmen Sie Puten- oder Hähnchenbrustfilet. Schmeckt Ihnen Lamm nicht besonders, kaufen Sie ein Stück vom Rind. Statt Rehfilet kann auch etwas Zartes von Rind oder Schwein im Einkaufskorb landen, wenn keine Wildsaison ist oder Sie Ihren Geldbeutel nicht zu sehr belasten wollen.

Rind

Am feinsten ist natürlich das Filet, ein schieres Stück Muskelfleisch, aus dem Rücken geschnitten. Ebenfalls zum Kurzbraten eignen sich andere Teile des Rückens wie das Roastbeef, Stücke aus der Oberschale, aus Nuss oder Hochrippe. Etwas fester und natürlicherweise nicht so butterzart wie Filets sind Rindersteaks aus der Hüfte. Detaillierte Informationen rund um Steaks finden Sie ab Seite 12.

Bevorzugen Sie leicht marmoriertes Fleisch. Das ist einfach saftiger und aromatischer als ganz mageres. Und – bei Beef ganz wichtig – das Fleisch muss gut abgehangen sein, nur dann ist es zart und mürbe. Brät man schlachtfrisches Rindfleisch, kommt es garantiert zäh auf den Teller. Mindestens zwei, besser vier Wochen Ruhe- und Reifezeit sollte das Fleisch hinter sich haben. Fragen Sie Ihren Metzger! Und sehen Sie genau hin. Gut abgehangenes Rindfleisch ist dunkelrot. Helles Beef ist unzureichend gereift, enthält viel Feuchtigkeit und lässt sich schlecht braten.

Marmoriertes Fleisch wird supersaftig und ganz besonders aromatisch.

Schweinekotelett (mit Knochen) und Rückensteak (ohne Knochen) vom Schwein.

Kalb

Das Fleisch von jungen Rindern ist hellrot und muss nur etwa eine Woche abhängen, um optimal zu reifen. Es hat feine Fasern und ist sehr zart, leider aber auch recht teuer. Zum Kurzbraten eignen sich außer dem besonders zarten Kalbsfilet das Kalbsrückenfilet, der Kalbsrücken mit Knochen (Koteletts) und Teile aus der Keule wie Oberschale oder Nuss.

Schwein

Es sollte rosa-rötlich und feinfaserig sein. Zudem nicht zu mager, sonst wird es später schnell trocken. Am feinsten und teuersten ist auch hier das Filet – perfekt für Medaillons und Geschnetzeltes. Mitsamt Knochen aus dem Rücken geschnitten werden Koteletts, ohne Knochen sind es dann Rückensteaks.
Für Schnitzel und Geschnetzeltes beliebt sind Nuss, Ober- und Unterschale aus der Keule, wobei Nuss und Oberschale weniger Fett enthalten als die zart marmorierte Unterschale. Besonders preisgünstig: Koteletts, Steaks und Schnitzel aus dem fettreicheren Nacken.

Lamm

Eine blassrote Farbe und ein weißer Fettrand zeugen von Qualität, gelbliches Fett verrät ein altes Tier. Favoriten fürs Kurzbraten sind die ganz zarten, dünnen Lammfilets, aus dem Rücken ausgelöste Lammlachse und Rücken samt Knochen (Lammkoteletts). Seltener gibt es Lammsteaks oder -schnitzel aus der Keule.

Beim Entenbrustfilet wird die Haut mit der Fettschicht mehrmals eingeschnitten.

Huhn/Hähnchen

Fleisch zum Kurzbraten stammt fast immer aus dem Brustfilet. Manchmal gibt es aus der Keule geschnittene Medaillons. Bevorzugen Sie Fleisch von freilaufenden Hühnern oder solchen aus Bio-Haltung. Darin steckt deutlich mehr Geschmack als im Fleisch von Tieren aus Massenhaltung.

Pute/Truthahn

Schnitzel und Medaillons werden meist aus dem Brustfilet geschnitten, seltener aus dem dunkleren und herzhafteren Keulenfleisch. Wie beim Huhn gilt auch hier: Bio-Fleisch bevorzugen gegenüber Billigangeboten mit Fleisch von überzüchteten Tieren.

Ente & Gans

Zum Kurzbraten eignet sich eigentlich nur die ausgelöste Brust, also das Brustfilet. Fürs Braten im Ganzen wird die Haut mit der Fettschicht mehrmals kreuzweise bis knapp über das Fleisch eingeschnitten. So kann Fett ausbraten, und die Brust wölbt sich nicht. Wichtig auch: zuerst auf der Fettseite anbraten.

Kaninchen & Hase

Die aus dem Rücken ausgelösten Filets eignen sich zum Kurzbraten. Kaninchenfleisch ist hell, zart und mild, meist stammt es von gezüchteten Hauskaninchen, seltener von etwas aromatischeren Wildkaninchen. Hasen sind deutlich größer als Kaninchen, entsprechend sind die Filets schwerer. Das Fleisch von Hasen ist dunkel und deutlich kräftiger im Geschmack.

Reh & Hirsch

Recht kostspielige Delikatessen, die beim Kurzbraten trumpfen können. Das Filet ist von dunkelroter Farbe, mager und sehr aromatisch. Während der Saison, also in den Herbstmonaten, frisch zu bekommen, sonst nur tiefgefroren.

Die Basics: Darauf kommt es an

Kurzbraten – ganz einfach? Ja, wenn Sie mit etwas Fingerspitzengefühl vorgehen und Folgendes beachten: Sie brauchen gutes Fleisch, das Sie sorgfältig vorbereiten. Sie benötigen eine geeignete Pfanne (oder einen Wok) und das richtige Fett, Sie sollten die passende Hitze wählen und die Garzeiten im Auge behalten.

Die richtige Vorbereitung

Dass Sie qualitativ hochwertiges Fleisch kaufen sollten, wurde bereits erwähnt. Alles Weitere ist relativ unkompliziert.

Nehmen Sie Fleisch grundsätzlich etwa eine halbe Stunde vor der Zubereitung aus dem Kühlschrank. Es sollte nicht eiskalt sein, wenn es in die heiße Pfanne kommt. Sonst sinkt die Hitze in der Pfanne, und das erwünschte scharfe Anbraten misslingt.

Ob Sie das Fleisch waschen oder nicht, ist Ansichtssache. Lediglich Geflügel sollten Sie stets unter kaltem Wasser abwaschen, um eine mögliche Salmonellengefahr zu minimieren. Bei Fleisch mit Knochen empfiehlt sich das Waschen auch, um evtl. vorhandene Knochensplitter abzuspülen. Auf jeden Fall wird das Fleisch mit Küchenpapier gründlich trocken getupft, damit es sich gut anbraten lässt.

Wenn nicht bereits beim Metzger geschehen, muss das Fleisch noch »pariert« werden. Das bedeutet, dass man alle Sehnen und Häutchen wegschneidet, eventuell auch überschüssiges Fett. Am besten geht das mit einem Messer mit langer, dünner und vor allem scharfer Klinge, man schneidet einfach direkt zwischen Sehne bzw. Häutchen und Fleisch entlang.

Filet wird pariert, das heißt, von Sehnen, Häutchen und überschüssigem Fett befreit.

Je nach Rezept und Fleischsorte ist nun noch zu beachten, dass alle Stücke ungefähr gleich dick und gleich groß sein sollten, wenn sie in die Pfanne kommen. Nur so wird alles gleichmäßig gar. Schneiden Sie also ein ganzes Filet für Medaillons in gleich dicke Scheiben, die Kalbsnuss fürs Geschnetzelte in gleich dicke Streifen, das Fleisch für Spieße in gleichmäßige Würfel. Haben Sie ungleichmäßige Teile gekauft, schneiden Sie sie zurecht. Schnitzel sollten Sie zudem flach klopfen. Wie das geht, ist auf Seite 10 beschrieben.

Fleisch aus der Tiefkühltruhe

Rind und Schwein, Huhn und Pute gibt es jederzeit und fast überall frisch. Nicht so die anderen Fleischsorten. Bei denen werden Sie oft in Tiefkühltruhen fündig. Aber Vorsicht: Lassen Sie Teile mit weißen Flecken liegen. Es handelt sich dabei um Gefrierbrand, und das damit überzogene Fleisch ist trocken.

Wichtig: Tiefgefrorenes stets aus der Packung nehmen und gut zugedeckt im Kühlschrank auftauen lassen. Legen Sie es dabei möglichst auf ein Gitter, damit das Auftauwasser abtropft und weggeschüttet werden kann. Vor dem Braten wird aufgetautes Fleisch zudem kurz unter fließendem kaltem Wasser abgewaschen. So haben Salmonellen keine Chance. Trocken tupfen mit Küchenpapier nicht vergessen!

Welche Pfanne?

Nicht zu groß und nicht zu klein, stabil, schwer und mit dickem Boden – das sind die wichtigsten Kriterien bei der Wahl der richtigen Pfanne. Wenn Sie auch gleich die Sauce darin zubereiten wollen, muss der Rand ausreichend hoch sein. Einen Deckel brauchen Sie für unsere Rezepte nicht. Wird Fleisch in der zugedeckten Pfanne gegart, ist das nämlich Schmoren und nicht Kurzbraten.

Beim Material hat jeder so seine Favoriten. Beschichtete Pfannen helfen bekanntlich, Fett zu sparen.
Zum Kurzbraten sind sie jedoch nur bedingt geeignet. Sie vertragen keine extrem starke Hitze, ohne Schaden zu nehmen. Auch das Rühren etwa mit einer Gabel nehmen sie übel – Kratzer zerstören die Beschichtung. Für mittlere Temperaturen, etwa beim Braten von Paniertem, sind sie gut geeignet, fürs scharfe Anbraten von Steaks jedoch nicht.

Unkompliziert und bestens geeignet für nahezu alle Kurzbratrezepte sind Pfannen aus Edelstahl – unempfindlich und hoch erhitzbar. Für Steaks nehmen Profis Pfannen aus Gusseisen, weil das Fleisch darin besonders gut bräunt. Nachteil dieser Pfannen: Sie sind nicht säurebeständig, und man muss sie nach dem Reinigen mit Öl einfetten, damit sie nicht rosten.
Ein weiterer Profitipp für Steaks sind Grillpfannen mit geriffeltem Boden. Das Fett und aus dem Fleisch austretende Feuchtigkeit sammeln sich in den Rillen am Boden, das Fleisch liegt auf den heißen Stegen und brät darauf besonders gut.

Kurzbraten im Wok

Auch im Wok, der tiefen Pfanne Asiens, lässt sich Kurzgebratenes zaubern. Für Gasherde oder spezielle Gasbrenner eignen sich die Klassiker mit gewölbtem Boden. Soll der Wok auf einem E-Herd zum Einsatz kommen, muss der Boden flach sein. Nehmen Sie unbedingt einen Edelstahl- oder Gusseisen-Wok.
Woks mit Antihaft-Beschichtung sind weniger geeignet, weil sie das Grundprinzip des Woks – das Rührbraten bei starker Hitze – nicht so gut vertragen.

Welches Fett ist geeignet?

Zum Kurzbraten muss das Fett in den meisten Fällen ziemlich hoch erhitzbar sein. Auf der sicheren Seite sind Sie mit neutralem Pflanzenöl, etwa Sojaöl. Das hat wenig Eigengeschmack und einen hohen Rauchpunkt. Für mediterran inspirierte Rezepte wird gerne Olivenöl genommen. Es lässt sich ebenfalls recht hoch erhitzen, allerdings nicht ganz so hoch wie etwa Sojaöl. Schalten Sie die Hitze sofort herunter, wenn das Öl zu rauchen beginnt. Und nehmen Sie ein eher einfaches Olivenöl zum Anbraten, kein sehr hochwertiges, kalt gepresstes mit ausgeprägtem Aroma.

Ebenfalls gut zum scharfen Anbraten eignet sich Butterschmalz. Butter oder Margarine hingegen sind nur zum sanften Braten geeignet, die darin enthaltenen Eiweißstoffe verbrennen bereits bei niedrigeren Temperaturen. Wer für feines Aroma sorgen will, kann nach dem scharfen Anbraten etwas Butter in die Pfanne geben. Auch hochwertige, kalt gepresste Öle wie Walnussöl oder erstklassiges Olivenöl gibt man erst nach dem scharfen Anbraten in die Pfanne. So verbrennen sie nicht, sorgen aber für Geschmack.

Bei welcher Hitze wird gebraten?

Meist wird das Fleisch zuerst bei starker Hitze angebraten – dabei bildet sich eine Kruste, die für Aroma sorgt – und dann bei etwas niedrigeren Temperaturen fertig gegart.
Soll das Fleisch mit Gemüse oder weiteren Zutaten in der Pfanne kombiniert werden, wird zuerst das Fleisch allein angebraten und wieder herausgenommen. Dann brät man die übrigen Zutaten oder bereitet die Sauce zu, und ganz zum Schluss kommt das Fleisch wieder in Pfanne oder Wok.

Was ist die richtige Garzeit?

Das oberste Gebot beim Kurzbraten ist klar – der Name ist Programm. Also das Fleisch nicht zu lange braten, sonst wird selbst das zarteste Filet zur Schuhsohle.
Wie lange aber nun wirklich? Das ist etwas kniffelig. Exakte Garzeiten lassen sich schwer nennen, weil viele Faktoren das Ergebnis beeinflussen. An erster Stelle ist dabei natürlich die Fleischsorte zu nennen. Je zarter das Fleisch, desto kürzer die Garzeit – ein Filetsteak ist schneller fertig als ein Hüftsteak. Ebenso wichtig ist die Fleischqualität. Größe und Dicke der Fleischstücke haben Einfluss, ebenso aber die Hitze beim Braten. Und natürlich Ihre persönlichen Vorlieben – gerade bei Steaks liebt einer das Fleisch noch fast roh, der andere mag es lieber medium oder fast durchgebraten.
Deshalb sollten Sie beim Nachkochen der Rezepte dieses Buches die Zeitangaben stets als Orientierung betrachten.

So gelingen Schnitzel & Geschnetzeltes

Feine Fleischscheiben mit oder ohne knusprige Panade gehören zu den Lieblingen auf unseren Tellern wie auch Geschnetzeltes in feinen Saucen. Und das Wiener Schnitzel hat es ebenso zu Ruhm gebracht wie das Zürcher Geschnetzelte.

Schnitzel flach klopfen

Sind die von Ihnen gekauften Schnitzel an einer Seite dünner als an der anderen? Klopfen Sie sie flach. Denn Schnitzel können nur gleichmäßig garen, wenn das Fleisch überall gleich dick ist.
Legen Sie jede Fleischscheibe einzeln in einen Gefrierbeutel oder zwischen zwei Lagen Frischhaltefolie. Dann wird kräftig darauf eingeschlagen. Profis haben dafür ein spezielles Gerät, ein sogenanntes Plattiereisen.
Ein schwerer Topf mit Stiel leistet ebenso gute Dienste. Schlagen Sie mit dem Topfboden so oft auf das Fleisch, bis es überall schön gleichmäßig dünn ist. Übrigens: beim Fleischklopfer unbedingt die flache Seite nehmen, die gekerbte Seite zerstört Fleischfasern.

Perfekt Paniertes: Die Hülle ist Gold wert

Nicht nur beim Wiener Schnitzel versteckt sich das Fleisch unter einer würzigen Hülle. So gelingt Paniertes garantiert:
Das Fleisch nach Belieben kurz unter kaltem Wasser abspülen, dann auf jeden Fall mit Küchenpapier sehr gründlich trocken tupfen. Denn: Zu feuchtes Fleisch bindet zu viel Mehl.

Schnitzel im Mehl wenden, überschüssiges Mehl abklopfen.

Schnitzel im verquirlten Ei wenden …

Schnitzel mit der flachen Seite des Fleischklopfers flach klopfen.

… und in den Semmelbröseln wenden, Panade leicht andrücken.

Die Scheiben gleichmäßig flach klopfen, damit später nicht eine Ecke schon trocken und die andere noch roh ist. Das Fleisch muss dünn sein – gerade mal 1/2 bis 1 cm dick. Nur so werden die Panade und das Fleisch gleichzeitig gar.
Mehl auf einen Teller oder in eine flache Schale geben, mit Salz und Pfeffer vermischen. Für Abwechslung sorgen hier Gewürze wie Paprikapulver, Cayennepfeffer, Kreuzkümmel oder Currypulver.
Eier mit einer Gabel auf einem zweiten Teller verquirlen. Nach Belieben etwas Sahne oder Milch dazugeben. Nicht schaumig schlagen, sonst kommt Luft hinein und die Panade haftet schlechter.
Auf einem dritten Teller fein zerkleinertes Weißbrot oder Semmelbrösel ausbreiten. Auch Zutaten wie gehackte Nüsse, zerbröselte Cornflakes, Tortillachips, Mandelblättchen, Kokosraspel oder Haferflocken eignen sich für die Panade.
Die Schnitzel erst im gewürzten Mehl wenden (überschüssiges Mehl abklopfen), dann in den verquirlten Eiern und zuletzt in den Semmelbröseln. Die Panade andrücken, fürs klassische Wiener Schnitzel nur leicht, damit sie sich später beim Braten schön wellt.
Das so vorbereitete Fleisch in reichlich Fett braten. Die Hitze darf nicht zu stark sein, damit die Panade nicht verbrennt. Jedes panierte Schnitzel erst wenden, wenn die Unterseite gut gebräunt ist. Die Pfanne rütteln, damit nichts anbrennt.

Fleisch für Geschnetzeltes immer quer zur Faser schnetzeln.

Beim scharfen Anbraten bildet sich eine feine Kruste.

Genial einfach: Geschnetzeltes

Besonders schnell sind Sie fertig, wenn Sie bereits geschnetzeltes Fleisch kaufen. Aber: nicht immer ist alles gleichmäßig geschnitten, und Sie wissen nicht, welche Teile der Metzger genommen hat.
Das Fleisch nach Belieben kurz unter kaltem Wasser abspülen, dann auf jeden Fall mit Küchenpapier gut trocken tupfen.
Quer zur Faser in mehr oder weniger feine Streifen schneiden – je nach Rezept und Vorliebe. Üblich sind Streifen, die ungefähr so lang und dick sind wie der kleine Finger bei Frauen. Wichtig: gleichmäßig große Streifen schneiden, damit sie zur gleichen Zeit gar sind.
Etwas Fett in der Pfanne oder im Wok stark erhitzen. Das Geschnetzelte darin rundherum scharf und nur kurz anbraten. Soll es pur gegessen werden, beispielsweise auf Salat, muss es jetzt fertig gegart werden. Andernfalls wird es nach dem kurzen Anbraten aus der Pfanne genommen und zugedeckt beiseitegestellt.
Bei sehr guter Fleischqualität und einer breiten Pfanne dürfen durchaus 500 Gramm auf einmal in das heiße Fett. Bei billigerer Ware ist es ratsam, das Fleisch portionsweise anzubraten und Angebratenes aus der Pfanne zu nehmen. Meist tritt Feuchtigkeit aus, die Temperatur in der Pfanne sinkt und das Fleisch brät nicht mehr richtig und wird zäh.
Vorbereitete Zutaten wie Gemüse oder Pilze in derselben Pfanne bei schwacher bis mittlerer Hitze braten, bis sie fast gar sind. Nach Belieben auch Flüssigkeit wie Wein, Brühe, Saft oder Sahne angießen. Mit der Flüssigkeit den Bratensatz unter Rühren lösen.
Das angebratene Fleisch zum Schluss wieder mit den übrigen Zutaten mischen, nur noch kurz erhitzen. Nicht mehr kochen lassen – so bleibt das Fleisch saftig.

Goldene Regeln für Steakfans

Steaks liegen voll im Trend. Damit sie perfekt gelingen und supersaftig auf dem Teller landen, gibt es einiges zu beachten. Denn: Falsche Behandlung, vor allem aber zu langes Braten, gefällt dem zarten Fleisch überhaupt nicht. Ansonsten gilt hier, dass Übung den Meister macht, denn es gibt ganz schön viele verschiedene Empfehlungen, ein Steak zuzubereiten. Mit unseren goldenen Regeln sind Sie garantiert auf der sicheren Seite.

- Kaufen Sie nur gute **Fleischqualitäten.** Supersonderangebote taugen selten etwas.
- Steaks sollten **mindestens 2 cm, besser 3 cm dick** sein. Noch dickere Steaks gelingen am besten, wenn sie in der Pfanne scharf angebraten und bei 80° im Ofen fertig gegart werden.
- Das Fleisch sollte **Raumtemperatur** haben, bevor es in die heiße Pfanne kommt. Sonst sinkt die Temperatur in der Pfanne zu stark ab und die notwendige starke Hitze zum Anbraten fehlt.
- Das Fleisch mit Küchenpapier gut **trocken tupfen,** damit keine Feuchtigkeit das Anbraten behindert.
- **Fettränder** mehrmals einschneiden, damit sich die Steaks beim Braten nicht wölben.
- **Eine schwere Pfanne** verwenden, keinesfalls eine beschichtete. Und eine ausreichend große – die Steaks müssen nebeneinander hineinpassen.
- **Die Pfanne sehr heiß** werden lassen. Erst dann etwas Fett hineingeben – es soll den Pfannenboden gerade gut bedecken. Das Fett soll sehr heiß werden, darf aber nicht rauchen.

Mit dem Löffelrücken lässt sich der Garzustand prüfen.

- Zuerst nur **eine Ecke von einem Steak hineinhalten.** Das Fett muss zischen, sonst sind Pfanne und Fett nicht heiß genug.
- Sind Pfanne und Fett heiß genug, die **Steaks nebeneinander hineinlegen.**
- **Von jeder Seite 1/2 bis 1 Min. scharf anbraten.** Erst wenden, wenn sich das Fleisch leicht vom Pfannenboden löst. Und: zum Wenden eine Zange nehmen, keine Gabel – sonst geht Fleischsaft verloren.
- Die angebratenen Steaks **bei schwacher Hitze in der Pfanne** oder bei 80° bis 100° im Ofen fertig garen. Dabei soll sich die Kruste vom Anbraten nicht mehr verstärken, sondern der Garzustand langsam von außen nach innen fortschreiten.
- **Steaks niemals durchgaren.** Mit zunehmender Garstufe wird das Fleisch immer fester. Kenner erfühlen den gewünschten Zustand per Daumendruck oder mit einem Löffelrücken: Drücken Sie vor dem Zubereiten in der Mitte auf das Steak. Die Druckstelle federt schnell zurück. Während des Bratens können Sie immer wieder die Probe machen. Je fester das Fleisch wird, desto stärker ist es durchgegart. Ansonsten helfen Fleischthermometer oder die Faustregeln von Seite 13.
- Jedes Steak vor dem Anschneiden mindestens 2 Min. in Alufolie gewickelt **ruhen lassen,** damit sich der Fleischsaft verteilt.
- **Dezent würzen** – am besten nur mit Meersalz und frisch gemahlenem Pfeffer. Es gilt, den Eigengeschmack zu unterstreichen, nicht zu überdecken. Gewürze stets erst zum Schluss dazugeben, sonst verbrennen sie bei der starken Hitze des Anbratens.
- **Teller vorwärmen,** damit die Steaks heiß genossen werden können.

Wann ist mein Steak fertig?

Die Angaben gelten für ca. 2,5 cm dicke und ca. 200 g schwere Filetsteaks. Hüftsteaks und am Knochen gebratene Steaks benötigen etwas mehr Zeit. Ruhen und nachziehen lassen nicht vergessen, damit sich die Fleischsäfte gut verteilen.

Rare, blutig Von jeder Seite 1/2–1 Min. scharf anbraten, dann noch ca. 1 Min. je Seite bei reduzierter Hitze braten. Das Fleisch ist weich, eine Druckstelle federt schnell zurück. Austretender Fleischsaft ist dunkelrot, die Kerntemperatur beträgt 50–54°.

Medium rare, in der Mitte noch blutig Von jeder Seite 1/2–1 Min. scharf anbraten, dann noch ca. 1 1/2 Min. bei reduzierter Hitze braten. Druckstellen federn etwas langsamer zurück. Austretender Fleischsaft ist rötlich, die Kerntemperatur beträgt 55–60°.

Medium, rosa Von jeder Seite 1/2–1 Min. scharf anbraten, dann noch 2 1/2–3 Min. bei reduzierter Hitze braten. Druckstellen federn nur langsam zurück, der austretende Fleischsaft ist rosa. Die Kerntemperatur beträgt 60–65°.

Well-done, durchgebraten Von jeder Seite 1/2–1 Min. scharf anbraten, dann noch ca. 3 1/2–4 Min. bei reduzierter Hitze braten. Druckstellen federn kaum zurück, austretender Fleischsaft ist hell und klar. Die Kerntemperatur beträgt mehr als 72°.

Die besten Steaks vom Rind

Die Namensgebung bei Rindersteaks ist verwirrend. Wenn Sie nicht sicher sind, welches Stück sich wofür eignet, fragen Sie Ihren fachkundigen Metzger, er wird Sie beraten. Hier ein kurzer Überblick.

Filetsteak (Tenderloin)

Ganz klar das zarteste Steak. Es wird aus dem Rücken geschnitten, die Muskulatur dort ist wenig beansprucht, das Fleisch entsprechend zart und mager. Leider ist Filet sehr teuer, denn es macht nur etwa 2,5 Prozent vom ganzen Rind aus. Das dicke Ende eines Filets wird zu Steaks, Filetgulasch oder Geschnetzeltem. Aus dem Mittelstück werden Steaks geschnitten, außerdem das pfundschwere Chateaubriand. Aus der Filetspitze entstehen Tournedos und Geschnetzeltes.

Roastbeef (Striploin)

Ebenfalls sehr zart. Der vordere Teil des Roastbeefs grenzt an die Hochrippe und ist eher rund geformt, der hintere Teil verläuft bis zur Hüfte und heißt auch flaches Roastbeef. Entsprechend sind die aus diesen Teilen geschnittenen Steaks eher rund oder flach. Typisch für jedes Roastbeef ist der dicke Fettrand, der vor dem Garen mehrmals bis kurz vor das Fleisch eingeschnitten werden muss. Übrigens: Steaks aus dem Roastbeef werden bei uns oft als »Rumpsteaks« bezeichnet, im Angelsächsischen stammen die jedoch aus der Hüfte.

Entrecote (Ribeye)

Kräftig marmorierte Steaks mit vollem Geschmack. Teile des Roastbeefs, auch als Zwischenrippenstück (entre = zwischen; côte = Rippe) oder Lendensteak bekannt. Dicke Scheiben werden zu Steaks, dünne oft zu saftigen Rostbraten. Aus dem vorderen Teil werden Ribeye-Steaks geschnitten, erkennbar an dem Fettauge. Übrigens: je weiter nach vorn der Schnitt, desto fettreicher das Steak. Das Fett bleibt zum Braten dran – es macht das Fleisch saftig und sorgt für Geschmack.

Hüftsteak (Sirloin)

Auch als Steakhüfte oder Huftsteak bezeichnet, in Amerika als Rumpsteaks oder Roundsteaks. Sie werden aus dem zartesten Teil der Keule geschnitten und liefern zartfaseriges, mageres und relativ preisgünstiges Fleisch. Da die Steaks meist ohne Fettschicht verkauft werden, sollten Sie erstklassige Qualität kaufen und die Steaks keinesfalls zu lange zu garen.

T-Bone- und Porterhouse

Sie sind die ungekrönten Steak-Könige in Amerika, bei uns aber eher selten zu bekommen. Vielleicht, weil die Steaks gut und gerne 700 Gramm wiegen und damit den heutigen Zeiten und Portionen nicht mehr ganz angepasst sind? Oder weil das Fleisch noch am Knochen sitzt? Der T-förmige Knochen sorgt aber nicht nur für den Namen, sondern auch für besonders viel Aroma. Übrigens versorgen uns die Riesen mit zweierlei Fleisch, nämlich mit Filet und Roastbeef. Dabei haben T-Bone-Steaks einen kleineren Filetanteil als Porterhouse-Steaks. Tipp: das zartere Filet beim Braten zeitweise mit einem Stück Alufolie schützen. Und: ein Steak für zwei Genießer einplanen.

Kleiner Helfer fürs perfekte Steak: Das Fleischthermometer

Das Thermometer so einstechen, dass die Spitze mit dem Messfühler in der Mitte des Fleischstückes steckt. Das ist bei Steaks nicht ganz einfach, zumindest nicht bei eher dünnen Steaks. Am besten das Thermometer leicht schräg in das Fleisch stecken.

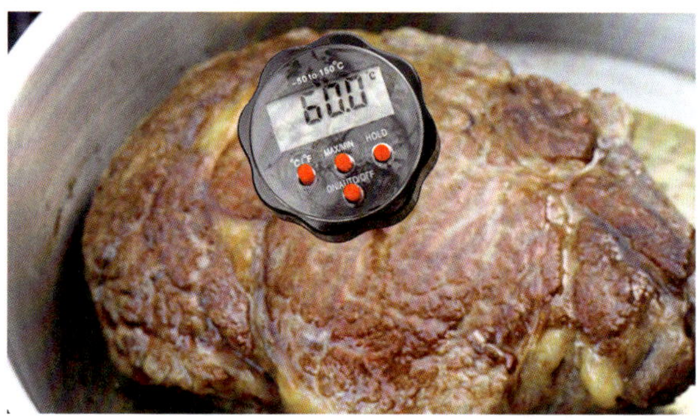

Das digitale Fleischthermometer misst die Temperatur im Inneren des Steaks.

Marinaden: Aromabad und Zartmacher

Wer bei Steak und Schnitzel für Abwechslung sorgen will, kann das Fleisch nach dem Braten immer wieder anders würzen. Oder aber vor dem Braten marinieren. Bei Fleisch zum Grillen kennt das jeder, und auch da gilt: Nichts geht über eine selbst gemachte Marinade.

In der Fachsprache der Köche

Fachleute verstehen unter „Marinieren" das Einlegen von Fleisch, Fisch oder Gemüse in eine Würzflüssigkeit aus Wein, Essig, Buttermilch, Joghurt oder Zitronensaft zusammen mit Kräutern und Gewürzen. Auch gewürztes Öl wird verwendet. Während des Ruhens in der Marinade sollen die Aromastoffe in Fleisch, Fisch oder Gemüse einziehen und dort neue Geschmacksnuancen hervorbringen. Die Säure sorgt gleichzeitig für längere Haltbarkeit, und sie schließt das Muskeleiweiß im Fleisch auf – dadurch werden die Fasern weicher.

Die Klassiker

Das bekannteste marinierte Fleisch in diesem Land ist wohl der Sauerbraten: Rinderbraten badet in einer essigsauren Flüssigkeit und wird superzart und mürbe. Auch Wild wurde früher meist mariniert, oft mit Buttermilch, um den kräftigen Wild-Geschmack abzumildern. Eigentlich ein bisschen schade, denn gerade das etwas intensive Aroma von Wildfleisch ist ja das Besondere.

Salz in die Marinade?

Selbst Fachleute sind sich bei dieser Frage nicht einig. Verbreitete Meinung ist, dass Salz in einer Marinade nichts zu suchen hat. Die Begründung: Salz entzieht dem Fleisch Feuchtigkeit und macht es trocken. In der Praxis lässt sich jedoch kein Unterschied feststellen, solange das Aromabad nicht auf viele Stunden oder gar Tage ausgedehnt wird. Legt man gutes (!) Fleisch für einige Minuten oder auch Stunden in eine leicht gesalzene Marinade, kommt es trotzdem zart und saftig auf den Tisch. Weit wichtiger ist, das Fleisch nicht zu lange zu garen, denn dann ist es später garantiert trocken.

Internationale Ideen für feine Marinaden

Karibische Würze für Pute Frisch gepresster Orangensaft, etwas abgeriebene Bio-Orangenschale, zerdrückter Knoblauch, Oregano, gemahlener Kreuzkümmel und eine Prise Chiliflocken.

Arabische Schärfe für Lamm Frisch gepresster Zitronensaft, zerstoßener Pfeffer, zerdrückter Knoblauch, fein gehackte Chilischote und eine Prise Zimt.

Ungarische Würze für Schwein Edelsüßes Paprikapulver, Rosenpaprika, Weißwein, Knoblauch, Pfeffer.

Thailändische Würze für Huhn Fein geriebener Ingwer, zerdrückter Knoblauch, Tamarindensaft, fein gehackte Chilischoten, gemahlener Kreuzkümmel, gemahlener Koriander, Fischsauce oder Sojasauce.

Texanische Würze für Rind Öl, gemahlener Kreuzkümmel, Tabasco oder Chiliflocken, Tomatenketchup, Pfeffer.

Die Lammkoteletts bekommen durch die Marinade feines Aroma. Außerdem wird das Fleisch besonders zart.

SCHNITZEL-VARIATIONEN

Sie gehören zu den Lieblingen der Nation: kleine, flach geklopfte Fleischstücke. Denn darum handelt es sich bei Schnitzeln. Genießen Sie sie mal paniert, mal »natur«, mit Sauce oder ohne, auf Wiener oder Mailänder Art. Immer wieder anders, immer wieder schnell und fein.

Naturschnitzel mit bunten Paprikaschoten

je 1 grüne, gelbe und rote Paprikaschote
einige Zweige Oregano
(oder 1–2 TL getrockneter Oregano)
2 Zwiebeln
1 Knoblauchzehe
3 EL Öl
Salz | frisch gemahlener schwarzer Pfeffer
1 EL scharfes Paprikapulver
4 nicht zu dünne Schweineschnitzel (je ca. 150 g)
1–2 TL edelsüßes Paprikapulver
Außerdem
Oregano zum Garnieren

Für 4 Personen | ca. 30 Min. Zubereitung
Pro Portion ca. 265 kcal, 35 g EW, 12 g F, 4 g KH

1 Die Paprikaschoten halbieren, Trennwände und Kerne entfernen, die Hälften waschen und in Würfel oder Rauten schneiden. Den Oregano waschen, trocken schütteln und die Blättchen von den Stielen streifen.

2 Die Zwiebeln schälen und in kleine Würfel schneiden. Den Knoblauch schälen und fein hacken oder in Scheiben schneiden.

3 1 EL Öl in einer beschichteten Pfanne erhitzen, die Zwiebeln und den Knoblauch darin glasig dünsten. Die Paprikaschoten und die Oreganoblättchen dazugeben, alles mit Salz, Pfeffer und dem scharfen Paprikapulver würzen. Bei schwacher Hitze unter häufigem Rühren ca. 10 Min. garen. Eventuell ganz wenig Wasser angießen, wenn die Mischung anzubrennen droht.

4 Parallel dazu die Schweineschnitzel nach Belieben kalt abwaschen, mit Küchenpapier gut trocken tupfen. 2 EL Öl in einer breiten Pfanne stark erhitzen. Die Schnitzel darin von jeder Seite 1/2–1 Min. scharf anbraten, dann bei reduzierter Hitze von jeder Seite noch 1–3 Min. braten, dabei mit Salz, Pfeffer und dem süßen Paprikapulver würzen.

5 Die Schnitzel mit dem Paprikagemüse anrichten und mit Oregano garnieren.

Passende Begleiter

Spätzle oder kurze Nudeln passen bestens zum Paprikaschnitzel. Wenn es ganz schnell gehen soll, passt würziges Bauernbrot, gern auch mit Zwiebeln oder Sonnenblumenkernen gewürzt.

Mal anders

Bereiten Sie immer wieder anderen Schnitzelgenuss zu. Oberstes Gebot dabei: die Schnitzel nicht zu lange braten, sonst werden sie trocken und zäh.

Für **Jägerschnitzel** die Schnitzel wie beschrieben braten, dabei nur mit Salz und Pfeffer würzen. Warm stellen. Etwa 500 g gemischte, klein geschnittene Pilze wie Egerlinge und Pfifferlinge, aber auch Steinpilze oder Austernpilze im Bratfett der Schnitzel bei starker Hitze 3–4 Min. garen, mit 1 EL Mehl bestäuben, mit 100 ml Wein ablöschen und mit einigen Löffeln Crème fraîche oder Sahne sowie mit gehackter Petersilie abrunden. Zum Servieren über die Schnitzel geben.

Für **Zwiebelschnitzel** die Schnitzel wie beschrieben braten. 300 g Zwiebeln schälen und in dünne Scheiben schneiden. Mehl mit Pfeffer und Paprikapulver mischen, die Zwiebeln darin wenden. Überschüssiges Mehl abschütteln. Die Zwiebeln in einer tiefen Pfanne in reichlich heißem Öl knusprig braten, mit einer Schaumkelle herausheben und auf Küchenpapier abtropfen lassen. Salzen und auf die Schnitzel geben.

Für **Steinpilz-Rahm-Schnitzel** 30–40 g getrocknete Steinpilze 1/2 Std. in warmem Wasser einweichen. Die Schnitzel wie beschrieben braten und warm stellen. 2 gewürfelte Zwiebeln im Bratfett andünsten, die abgetropften Steinpilze dazugeben und ebenfalls andünsten. Mit 1/8 l trockenem Weißwein ablöschen und diesen fast völlig einkochen lassen, dann 1/4 l Fond angießen und ebenfalls stark einkochen lassen. 125 g Sahne oder Crème fraîche einrühren, die Sauce abschmecken und mit Kerbel oder Schnittlauchröllchen verfeinern. Auch 2–3 EL Portwein oder Sherry passen bestens. Den Pilzrahm über die Schnitzel geben.

Kalbsschnitzel mit Zitronensauce

500 g Kalbsnuss am Stück
3 Bio-Zitronen
5 EL Olivenöl
frisch gemahlener weißer Pfeffer
Salz
1 EL kalte Butter

Für 4 Personen
ca. 30 Min. Zubereitung + 1 Std. Marinieren
Pro Portion ca. 275 kcal, 26 g EW, 19 g F, 0 g KH

1 Das Kalbfleisch gut trocken tupfen. In 8 kleine, dünne Scheiben schneiden. Einzeln zwischen zwei Lagen Frischhaltefolie oder in einem Gefrierbeutel gleichmäßig flach klopfen, bis sie etwa 1/2 cm dick sind.

2 Die Zitronen heiß waschen und abtrocknen. 1 Zitrone in Spalten oder Scheiben schneiden und diese beiseitelegen. Von der zweiten Zitrone etwas Schale fein abreiben und den Saft auspressen. Den Saft der dritten Zitrone ebenfalls auspressen.

3 Etwa 3 EL Olivenöl und 4–5 EL Zitronensaft mit Pfeffer und etwas abgeriebener Zitronenschale verrühren. Über die Schnitzelchen geben, diese darin wenden und zugedeckt ca. 1 Std. marinieren.

4 In einer Pfanne die übrigen 2 EL Olivenöl nicht zu stark erhitzen. Die Schnitzel aus der Marinade nehmen, trocken tupfen und im heißen Öl ca. 2 1/2 Min. braten, zwischendurch salzen und wenden. Aus der Pfanne nehmen und zugedeckt warm halten.

5 Die Marinade in die Pfanne gießen und fast völlig einkochen lassen, nochmals 4–5 EL Zitronensaft dazugeben und ebenfalls ein wenig einkochen lassen. Die Butter würfeln und mit einem Schneebesen rasch einrühren – es soll eine sämige Sauce entstehen.

6 Die Sauce abschmecken, die Schnitzel kurz wieder darin erhitzen. Das Gericht sofort servieren und dazu Zitronenspalten reichen.

Passende Begleiter

Als Beilage passen feine Bandnudeln und Salat oder auch Blattspinat und Ciabattabrot.

Schon gewusst?

Scaloppine al limone heißen diese feinen Schnitzelchen in ihrer italienischen Heimat – genauer gesagt kommen sie aus der Lombardei. Manchmal werden sie pur mariniert und gebraten, dann wieder dünn mit Mehl bestäubt und gebraten – die Zitrone kommt bei dieser Variante erst zur Sauce dazu.

Mal anders

Traditionell wird in Italien für diese Schnitzelklassiker zartes Kalbfleisch verwendet. Sie können es am Stück kaufen oder bereits in Scheiben geschnitten als Schnitzel – aber auch diese müssen Sie noch flach klopfen, zumal sie selten ganz gleichmäßig dick sind.
Wenn Ihnen Kalbfleisch zu kostspielig ist, nehmen Sie die günstigeren Schweineschnitzel oder auch Putenschnitzel – die Zubereitung bleibt gleich.
Ähnlich gelingen **Scaloppine al marsala**, eine Spezialität aus Sizilien. Dort nimmt man größere und etwas dickere Kalbsschnitzel und brät diese (ohne sie zuvor zu marinieren) in heißem Butterschmalz, dem etwas klein gehackter Knoblauch Aroma verleiht. Nach ca. 5 Min. die Schnitzel aus der Pfanne nehmen und zugedeckt warm stellen. Den Bratensatz mit 1/8 l trockenem Marsala (sizilianischer Dessertwein) ablöschen und unter Rühren loskochen. 2 EL eiskalte Butter klein würfeln und unter die Sauce schlagen, diese mit Salz und Pfeffer abschmecken. Die Schnitzel kurz wieder darin erhitzen und alles zusammen anrichten.

Saltimbocca alla romana

500 g Kalbsnuss am Stück
frisch gemahlener weißer Pfeffer
4 dünne Scheiben Parmaschinken
3–4 Zweige Salbei
2 EL Butter
Salz
1/8 l trockener Weißwein (ersatzweise Kalbsfond)
1/8 l Kalbsfond
1 Bio-Zitrone zum Servieren
Außerdem
Holz- oder Metallspießchen

Für 4 Personen | ca. 30 Min. Zubereitung
Pro Portion ca. 235 kcal, 33 g EW, 9 g F, 1 g KH

1 Das Kalbfleisch gut trocken tupfen. In 8 kleine, dünne Scheiben schneiden, diese mit einem breiten Messerrücken flach streichen oder einzeln zwischen zwei Lagen Frischhaltefolie oder in einem Gefrierbeutel flach klopfen. Die Scheiben leicht pfeffern.

2 Die Schinkenscheiben halbieren und jeweils eine halbe Scheibe auf jedes Kalbsschnitzel legen. Den Salbei waschen und trocken schütteln, je 1 Blatt auf die Schinkenscheiben legen, übrige Blätter zum Garnieren beiseitelegen. Salbei und Schinken mit den Spießchen am Fleisch feststecken.

3 Die Butter in einer breiten Pfanne aufschäumen lassen. Die Schnitzelchen darin von jeder Seite 1–2 Min. braten. Leicht salzen, aus der Pfanne nehmen und zugedeckt warm stellen.

4 Den Weißwein in die Pfanne gießen und den Bratensatz unter Rühren loskochen. Bei starker Hitze fast völlig einkochen lassen. Dann den Kalbsfond angießen und auch diesen noch ein wenig einkochen lassen. Die Zitrone heiß waschen, abtrocknen und in Spalten schneiden. Die Sauce mit Salz und Pfeffer abschmecken und zu den Schnitzelchen servieren. Mit den übrigen Salbeiblättern bestreuen und mit den Zitronenspalten anrichten.

Passende Begleiter

Weißbrot oder Nudeln, etwa Bandnudeln, passen zu den Schnitzeln sehr gut. Für etwas Raffinesse können Sie blitzschnell folgendermaßen sorgen: Für **Petersiliennudeln** 400 g grüne Bandnudeln in reichlich Salzwasser bissfest garen und gut abtropfen lassen. Parallel dazu 1 Bund Frühlingszwiebeln in ganz feine Ringe schneiden, in etwas Olivenöl in einer breiten Pfanne bei schwacher Hitze dünsten. 1 großes Bund fein gehackte Petersilie sowie 1/2 TL abgeriebene Bio-Zitronenschale einrühren. Die gut abgetropften Nudeln damit vermengen.

Schon gewusst?

»Spring in den Mund!« – so heißen diese Schnitzelchen wörtlich übersetzt. Der italienische Name verrät ihre Herkunft – sie stammen aus der Gegend um Rom. Aber natürlich sind sie längst über die Grenzen Latiums und sogar Italiens hinaus beliebt und begehrt.

Mal anders

Die Italiener nehmen traditionell Kalbfleisch für diese zarten Schnitzelchen. Sie können aber ebenso gut Schweine- oder Putenfleisch verwenden. Wichtig ist in jedem Fall, dass alle Schnitzelchen ungefähr gleich dick sind, damit sie zum gleichen Zeitpunkt gar werden. Ein weiterer italienischer Klassiker kommt aus Mailand und heißt **Piccata alla milanese**. Dafür werden kleine Kalbsschnitzelchen flach geklopft, »piccata« bedeutet nämlich »geklopft«. Die Schnitzelchen werden dann zuerst in gewürztem Mehl, in verquirltem Ei und zuletzt in einer Mischung aus geriebenem Weißbrot und geriebenem Parmesan gewendet und in Butter gebraten. Dazu gehören traditionell in reichlich Butter geschwenkte Makkaroni.

Provenzalisches Sekundenschnitzel

1 kleine rote Paprikaschote
1 große Zwiebel
1 Zucchino
6–7 EL Olivenöl
1 Paket Tomatenfruchtfleisch (Tetrapak, ca. 370 g)
1 EL Kräuterpaste in Öl »Kräuter der Provence«
(ersatzweise 1–2 TL getrocknete Kräuter der Provence)
75 g schwarze Oliven
Salz | frisch gemahlener schwarzer Pfeffer
400 g Schweinefleisch zum Kurzbraten
(am Stück; z. B. aus der Nuss)
2 EL TK-Kräuter (nach Belieben)

Für 4 Personen | ca. 20 Min. Zubereitung
Pro Portion ca. 410 kcal, 25 g EW, 32 g F, 5 g KH

1 Die Paprikaschote halbieren, Trennwände und Kerne entfernen, die Hälften waschen und in feine Streifen schneiden. Die Zwiebel schälen und klein würfeln. Den Zucchino waschen, putzen und ebenfalls würfeln.

2 2 EL Olivenöl in einem Topf erhitzen, das Gemüse darin rundherum andünsten. Das Tomatenfruchtfleisch dazugeben, dann auch die Kräuterpaste und die Oliven. Alles mit Salz und Pfeffer würzen und offen bei schwacher Hitze sanft köcheln lassen.

3 Das Schweinefleisch nach Belieben kalt abwaschen und trocken tupfen. Mit einem scharfen Messer in sehr dünne Scheiben schneiden. Oder in ca. 1/2 cm dicke Scheiben schneiden und diese einzeln zwischen zwei Lagen Frischhaltefolie oder in einem Gefrierbeutel flach klopfen, bis sie nur wenige Millimeter dick sind. Leicht salzen und pfeffern.

4 Wenig Olivenöl in einer breiten Pfanne erhitzen. Die Fleischscheiben darin bei starker Hitze von jeder Seite 10–15 Sek. braten. Nach und nach alle Fleischscheiben braten, zwischendurch evtl. noch etwas Olivenöl dazugeben. Fertig gebratene Schnitzel warm halten. Das Gemüse abschmecken und mit den Sekundenschnitzeln anrichten. Nach Belieben die TK-Kräuter aufstreuen.

Passende Begleiter

Damit die Sekundenschnitzel in gut einer Viertelstunde auf dem Tisch stehen, bietet sich Weißbrot als Beilage an. Aber auch kleine Nudeln mit einer Garzeit von nur wenigen Minuten sind perfekt dazu.

Schon gewusst?

Wenn Sie das Fleisch nicht selbst schneiden möchten, kaufen Sie im Supermarkt oder beim Metzger sogenannte »Minutenschnitzel«. Die sind meist 1/2–1 cm dick und superpraktisch für die schnelle Küche. Sie brauchen aber ein wenig länger. Bitte unbedingt beachten: Damit Sekunden- und Minutenschnitzel zart bleiben, müssen sie heiß angebraten und dann wirklich nur wenige Sekunden bzw. knapp 1 Min. weitergebraten werden.

Mal anders

Die Sekundenschnitzel (ohne das Gemüse) sind auch eine tolle Füllung für ein **Sandwich**. Bestreichen Sie Brötchenhälften mit etwas Kräuterfrischkäse und Olivenpaste und legen Sie Salatblätter und dann die gebratenen Schnitzel darauf. Auf die Schnitzel kommen noch in Scheiben geschnittene Tomaten oder einige feine Paprikastreifen – fertig ist das Blitz-Sandwich, das sich bestens mit an den Arbeitsplatz nehmen lässt.

Einkaufstipp

In Kräuterpasten steckt gewöhnlich mehr Aroma als in getrockneten Kräutern. Es gibt sie fertig zu kaufen – meist in kleinen Gläschen. Stellen Sie zwei oder drei Lieblingssorten in den Kühlschrank, sie sind wochenlang haltbar.

Putenschnitzel mit Champignon-Tomaten-Sauce

250 g kleine feste Champignons
200 g Kirschtomaten
einige Zweige frischer Oregano
(ersatzweise 1–2 TL getrockneter Oregano)
2–3 Zwiebeln
2 Knoblauchzehen
3 EL Olivenöl
1/8 l trockener Rotwein
(ersatzweise kräftige Hühnerbrühe)
1 kleine Dose stückige Tomaten (400 g)
Salz | Zitronenpfeffer
4 Putenschnitzel (je ca. 150 g)

Für 4 Personen | ca. 30 Min. Zubereitung
Pro Portion ca. 310 kcal, 40 g EW, 11 g F, 7 g KH

1 Die Champignons mit einem feuchten Tuch abreiben, putzen und in Scheiben schneiden. Die Tomaten waschen und je nach Größe halbieren. Den Oregano waschen, trocken schütteln und die Blättchen abzupfen. Die Zwiebeln schälen und klein würfeln, den Knoblauch schälen und durch die Presse drücken.

2 1 EL Olivenöl in einem Topf erhitzen, die Zwiebeln und den Knoblauch darin unter Rühren glasig andünsten. Die Pilze dazugeben, dann auch etwas Oregano. Mit dem Rotwein ablöschen, und die Flüssigkeit bei starker Hitze etwas einkochen lassen. Die Tomaten aus der Dose einrühren, alles mit Salz und Pfeffer abschmecken und leicht köcheln lassen.

3 Parallel dazu die Putenschnitzel kalt abwaschen und trocken tupfen. Das restliche Öl in einer Pfanne erhitzen, die Schnitzel darin von jeder Seite ca. 1/2 Min. scharf anbraten, dann bei reduzierter Hitze von jeder Seite noch ca. 2 Min. braten, zwischendurch auf beiden Seiten salzen und pfeffern.

4 Die Kirschtomaten zur Sauce geben und ganz kurz mit erhitzen. Die Sauce abschmecken und zum Servieren über die Schnitzel geben. Mit dem übrigen Oregano garnieren und servieren.

Passender Begleiter

Blitzschnell steht **Polenta** auf dem Tisch, wenn Sie Instant-Polenta nehmen, die es heute in den meisten Supermärkten gibt. Dafür muss der Maisgrieß – um nichts anderes handelt es sich bei Polenta – nur in kochend heiße Brühe eingerührt werden. Die Mengenangaben stehen auf der Packung.
Wer keine Instant-Polenta bekommt, kauft herkömmlichen Polenta-Maisgrieß. Für 4 Portionen gut 1/2 l leicht gesalzenes Wasser in einem Topf aufkochen lassen. Unter ständigem Rühren 150 g Maisgrieß einrieseln lassen und bei schwacher Hitze unter häufigem Rühren ca. 20 Min. köcheln lassen. Abschmecken – fertig!
Für besondere Gelegenheiten 2 Eier gründlich unter die Polenta rühren, diese 2 cm hoch in eine leicht eingeölte Form füllen und ca. 2 Std. kalt stellen. Stürzen, in Stücke schneiden und in Olivenöl goldgelb braten.

Schon gewusst?

Wenn Sie die Tomatensauce im Voraus zubereiten, sollten die Kirschtomaten gehäutet werden. Bei längerem Kontakt mit der Flüssigkeit löst sich die Tomatenhaut und stört die Optik ebenso wie den Genuss. Alternative: Die Sauce fertigstellen, die frischen Tomaten aber erst kurz vor dem Servieren dazugeben.

Mal anders

Für **Putenschnitzel mit Käsesauce** die Schnitzel wie beschrieben braten, aus der Pfanne nehmen und warm stellen. 400 ml Geflügelfond in die Pfanne gießen und den Bratensatz unter Rühren lösen, den Fond bei starker Hitze auf die Hälfte einkochen lassen. 2 EL Schmand einrühren, 150 g Gorgonzola oder anderen Edelpilzkäse dazugeben und unter Rühren schmelzen lassen. Die Sauce bei starker Hitze noch etwas einkochen lassen, nach Belieben mit trockenem Sherry abschmecken und über die Putenschnitzel geben. Geröstete Mandelblättchen und Basilikum aufstreuen.

Überbackene Hähnchenschnitzel mit Gorgonzola-Gemüse

350 g Möhren
2 kleine Zucchini
1 Bund Frühlingszwiebeln
3 Knoblauchzehen
einige Zweige frischer Thymian
(ersatzweise 1–2 TL getrockneter)
8 kleine Hähnchenschnitzel (je ca. 70 g)
frisch gemahlener schwarzer Pfeffer
3 EL Olivenöl
Salz
175 ml trockener Weißwein
(ersatzweise Geflügelfond)
150 g Gorgonzola
125 g Crème fraîche
4 EL grob geriebener Parmesan
Schnittlauchröllchen zum Bestreuen

Für 4 Personen | ca. 30 Min. Zubereitung
Pro Portion ca. 635 kcal, 44 g EW, 44 g F, 9 g KH

1 Die Möhren und die Zucchini waschen, putzen und in kleine Würfel schneiden. Die Frühlingszwiebeln waschen, putzen und in sehr feine Ringe schneiden. Den Knoblauch schälen und hacken. Den Thymian waschen, trocken schütteln und die Blättchen abzupfen.

2 Den Backofen auf 220° (Umluft 200°) vorheizen. Die Hähnchenschnitzel kalt abwaschen, trocken tupfen und flach klopfen. Von beiden Seiten pfeffern. 2 EL Olivenöl in einer breiten Pfanne erhitzen, die Schnitzel darin von jeder Seite etwa 20 Sek. goldbraun anbraten. Die Schnitzel herausnehmen und leicht überlappend in eine breite ofenfeste Form legen.

3 Den übrigen EL Olivenöl in der Pfanne erhitzen und die Möhrenwürfel darin kurz unter Rühren anbraten. Dann die Zucchiniwürfel, die Zwiebelringe und den Knoblauch dazugeben, alles unter Rühren ca. 2 Min. braten, mit Salz und Pfeffer würzen.

4 Mit dem Weißwein ablöschen. Thymian, Gorgonzola und die Crème fraîche einrühren und alles unter Rühren ca. 5 Min. köcheln, bis der Käse geschmolzen und die Sauce etwas eingekocht ist.

5 Das Gemüse abschmecken und über die Hähnchenschnitzel in der Form geben. Den geriebenen Parmesan darüberstreuen und alles im heißen Ofen (oberes Drittel) ca. 10 Min. überbacken. Zum Servieren den Schnittlauch aufstreuen.

Passende Begleiter

Gut passen beispielsweise Ciabatta oder Stangenweißbrot – damit lässt sich die Sauce wunderbar auftunken. Aber auch kleine Kartoffeln sind eine perfekte Beilage.

Mal anders

Lecker schmeckt auch eine Mischung aus verschiedenen Wurzelgemüsen. Mischen Sie beispielsweise Möhren, Petersilienwurzeln und Pastinaken für herzhaften Geschmack. Und für eine mild-aromatische Kombi nehmen Sie Möhren und weiße Rübchen.
Durch reichlich Käse und Crème fraîche sind die überbackenen Hähnchenschnitzel eine recht üppige Angelegenheit. Wenn Sie Ähnliches auf leichtere Art genießen möchten: Das angebratene Gemüse mit 1 TL Mehl bestäuben und mit anschwitzen. Erst dann unter Rühren den Wein oder Fond angießen und nur ca. 100 g Gorgonzola darin schmelzen lassen. So wird die Gemüsemischung auch ohne Crème fraîche samtig.

Wiener Schnitzel auf klassische Art

4 trockene Brötchen (ersatzweise 100 g Semmelbrösel)
4 EL Mehl
Salz | frisch gemahlener weißer Pfeffer
2 Eier
2 EL Sahne oder Milch
4 dünne Kalbsschnitzel aus der Oberschale (je ca. 150 g)
2 Bio-Zitronen zum Servieren

Außerdem
ca. 250 g Butter- oder Schweineschmalz zum Braten

Für 4 Personen | ca. 40 Min. Zubereitung
Pro Portion ca. 445 kcal, 39 g EW, 21 g F, 11 g KH

1 Von den Brötchen die Rinde abreiben. Dann die Brötchen zu feinen Bröseln zerkleinern – mit einer Haushaltsreibe oder im Blitzhacker. Auf einen großen Teller geben.

2 Das Mehl auf einen zweiten Teller geben, mit etwas Salz und Pfeffer würzen. Auf einem dritten (tiefen) Teller die Eier mit der Sahne oder der Milch mit einer Gabel verquirlen.

3 Die Schnitzel trocken tupfen und einzeln in einem Gefrierbeutel oder zwischen zwei Lagen Frischhaltefolie möglichst gleichmäßig flach klopfen, bis sie etwa 1/2 cm dick sind. Zuerst im gewürzten Mehl wenden, dann in den verquirlten Eiern und zuletzt in den Bröseln. Die Panade nur leicht andrücken.

4 Jeweils etwa 1 cm hoch Schmalz in zwei Pfannen nicht zu stark erhitzen. Die Schnitzel darin von jeder Seite ca. 2 Min. goldbraun braten. Die Pfanne mehrmals rütteln, damit nichts am Pfannenboden ansetzt.

5 Fertige Schnitzel aus der Pfanne heben und auf Küchenpapier entfetten. Die Zitronen heiß waschen, abtrocknen und in Scheiben schneiden. Die Schnitzel heiß mit den Zitronenscheiben anrichten.

Passende Begleiter

Natürlich passen die allseits beliebten Pommes. Traditionell gehört jedoch **Kartoffelsalat** zum Wiener Schnitzel. Der Klassiker aus Österreich geht beispielsweise so: 800 g festkochende Kartoffeln waschen und in reichlich leicht gesalzenem Wasser in ca. 25 Min. garen. Abgießen und etwas abkühlen lassen, noch warm pellen und in Scheiben schneiden. 2 kleine Salatgurken schälen und in dünne Scheiben hobeln, mit etwas Salz bestreuen, kurz ziehen lassen und dann gut ausdrücken. 1 kleine Zwiebel schälen und sehr fein würfeln, mit 1/8 l warmer Fleischbrühe, 3–4 EL Weißweinessig, 6 EL neutralem Öl und etwas Salz verrühren. Mit Kartoffeln und Gurken mischen und durchziehen lassen. Vor dem Servieren mit Salz und Pfeffer abschmecken und mit Schnittlauchröllchen bestreuen.

Schon gewusst?

Wie für jeden Klassiker gibt es auch fürs Wiener Schnitzel vielerlei »echte« Rezepte und Hunderte Profitipps. Wichtig für gutes Gelingen ist auf jeden Fall, dass die Fleischscheiben gleichmäßig dick (etwa 1/2 cm) sind. Ein weiterer Garant: die Panade nicht zu fest andrücken, sondern nur leicht anklopfen. Nur so kann sie beim Braten schön wellig werden. Übrigens: Klassisch gehört ein Wiener Schnitzel aus Kalbfleisch zubereitet. In Restaurants wird jedoch gern Schweinefleisch verwendet, weil das günstiger ist. Genau genommen muss es dann als Schnitzel »Wiener Art« präsentiert werden – aber nicht jeder Gastronom hält sich an diese Vorschrift.

Cordon bleu

4 dünne Kalbsschnitzel aus der Oberschale (je ca. 150 g)
Salz | frisch gemahlener weißer Pfeffer
4 dünne Scheiben gekochter Schinken
4 Scheiben Emmentaler
3 EL Mehl
2 Eier
2 EL Sahne oder Milch
75 g Semmelbrösel
2 Bio-Zitronen zum Servieren

Außerdem
Holz- oder Metallspießchen
ca. 250 g Schweine- oder Butterschmalz zum Braten

Für 4 Personen | ca. 40 Min. Zubereitung
Pro Portion ca. 610 kcal, 58 g EW, 32 g F, 8 g KH

1 Die Kalbsschnitzel nach Belieben kalt abwaschen, auf jeden Fall gut trocken tupfen. Die Schnitzel nacheinander in einem Gefrierbeutel oder zwischen zwei Lagen Frischhaltefolie gleichmäßig flach klopfen, bis sie nur knapp 1/2 cm dick sind.

2 Die Schnitzel mit Salz und Pfeffer würzen. Schinken- und Käsescheiben darauflegen, eventuell zuerst etwas kleiner schneiden oder zusammenfalten – sie dürfen nicht über das Fleisch hinausreichen. Die Schnitzel in der Mitte zusammenklappen und die Ränder mit den Spießchen zustecken.

3 Auf einem Teller das Mehl mit Salz und Pfeffer vermischen. Auf einem zweiten (tiefen) Teller die Eier mit der Sahne oder der Milch mit einer Gabel gut verquirlen. Die Semmelbrösel auf einen dritten Teller geben.

4 Die gefüllten Schnitzel zuerst im Mehl, dann in den Eiern und zuletzt in den Semmelbröseln wenden. Die Panade andrücken und darauf achten, dass auch die Ränder der Fleischtaschen gut eingehüllt sind.

5 Das Schmalz ca. 1 cm hoch in einer großen oder zwei Pfannen nicht zu stark erhitzen. Die gefüllten Schnitzel hineinlegen und von jeder Seite 4–5 Min. goldbraun braten. Herausheben und auf Küchenpapier entfetten.

Die Zitronen heiß waschen, abtrocknen und in Spalten schneiden, zu den Schnitzeln servieren.

Passende Begleiter

Dazu passen gemischter Blattsalat und Salzkartoffeln, aber auch Pommes frites oder Kartoffelsalat, für den Sie ein Rezept auf Seite 33 finden.

Mal anders

Klassiker werden immer und immer gern gegessen. Voll im Trend liegen sie durch raffinierte Abwandlungen. Für **Cordon bleu mit Petersilienkruste** mischen Sie zur Abwechslung mal 1 Bund fein gehackte Petersilie unter die Semmelbrösel. Auch andere Variationen sind lecker, etwa diese: Für **Hähnchen-Cordon-bleu** 4 Brustfilets vom Maishähnchen (je ca. 200 g) kaufen. Möglichst tiefe Taschen hineinschneiden oder die Filets ganz durchschneiden. Schinken und Taleggio-Käse in die Taschen füllen, das Würzen nicht vergessen. Die Öffnung mit Holzspießchen zustecken und die Filets anschließend wie beschrieben panieren und braten.

Scharfe Putenschnitzel mit zweierlei Mais

2 Dosen Maiskörner (je 400 g)
1 Bund Frühlingszwiebeln
1 rote Paprikaschote
4 dünne Putenschnitzel (je ca. 125 g)
3–4 rote Chilischoten
100 g Polenta (Maisgrieß)
2 EL Mehl
Salz | frisch gemahlener schwarzer Pfeffer
1 Ei
3 EL Milch
1 EL Öl
2 Bio-Limetten zum Servieren
Außerdem
ca. 1/2 l neutrales Pflanzenöl zum Braten

Für 4 Personen | ca. 40 Min. Zubereitung
Pro Portion ca. 620 kcal, 40 g EW, 22 g F, 66 g KH

1 Die Maiskörner in einem Sieb gut abtropfen lassen. Die Frühlingszwiebeln waschen, putzen und schräg in Ringe schneiden. Die Paprikaschote halbieren, Trennwände und Kerne entfernen, die Hälften waschen und in feine Streifen schneiden. Alle vorbereiteten Gemüse beiseitestellen.

2 Die Putenschnitzel kalt abwaschen und gründlich trocken tupfen. Einzeln zwischen zwei Lagen Frischhaltefolie oder in einem Gefrierbeutel gleichmäßig flach klopfen.

3 Die Chilischoten halbieren, entkernen, waschen und ganz fein hacken. Auf einem tiefen Teller mit der Polenta mischen. Auf einem zweiten Teller das Mehl kräftig mit Salz und Pfeffer würzen. Auf einem dritten Teller das Ei mit der Milch verquirlen. Die Putenschnitzel zuerst in gewürztem Mehl, dann im verquirlten Ei und zuletzt in der Polentamischung wenden. Die Panade gut andrücken.

4 1 EL Öl in einer Pfanne leicht erhitzen, Paprikastreifen und Frühlingszwiebeln darin unter Rühren 1 Min. andünsten. Den abgetropften Mais dazugeben, alles einmal aufkochen lassen und dann vom Herd ziehen.

5 Parallel dazu in zwei großen, hohen Pfannen ca. 2 cm hoch Pflanzenöl nicht zu stark erhitzen. In jede Pfanne 2 Schnitzel legen und auf der Unterseite 1–2 Min. goldgelb braten, dann wenden und auf der anderen Seite ebenfalls in 1–2 Min. leicht bräunen. Die Limetten heiß waschen, abtrocknen und in Spalten schneiden.

6 Das Gemüse mit Salz und Pfeffer abschmecken und mit den Schnitzeln servieren. Die Limettenspalten dazulegen.

Passende Begleiter

Baguette und **Knoblauchspinat** passen bestens zu diesen würzigen Schnitzeln. Sie können tiefgefrorenen Spinat nehmen. Für 4 Portionen einige Knoblauchzehen (2–5 Stück) schälen und in feine Stifte oder dünne Scheiben schneiden, in einem breiten Topf in etwas Olivenöl leicht anbraten. Etwa 500 g tiefgefrorenen Blattspinat hineingeben und zugedeckt bei schwacher Hitze auftauen lassen. Zwischendurch immer wieder umrühren, damit nichts anbrennt. Den Spinat mit Salz und reichlich frisch gemahlenem Pfeffer abschmecken und heiß servieren. Nach Belieben können Sie noch etwas Mascarpone unter den Spinat rühren, dann wird er wunderbar cremig.

Mal anders

Statt die Schnitzel in Polenta zu wenden, kann man sie natürlich auch klassisch in Semmelbrösel hüllen. Die Zubereitung bleibt ansonsten gleich.
Besonders raffiniert sind **Putenmedaillons mit Mohnkruste**. Dafür 8 Putenmedaillons aus der Keule mit Salz, Pfeffer und Currypulver würzen und rundherum in ca. 60 g Mohnsamen wenden. Den Mohn gut andrücken. Die Medaillons in einer Pfanne in nicht zu heißem Öl von jeder Seite 1–2 Min. anbraten, dann bei reduzierter Hitze von jeder Seite noch 2–3 Min. braten.

Lammschnitzel im Kartoffel-Curry-Mantel

8 kleine Lammschnitzel (siehe Einkaufstipp)
5 EL Mehl
3–4 TL gemahlener Kreuzkümmel
Salz | frisch gemahlener schwarzer Pfeffer
2 Eier
2 EL saure Sahne
600 g mehligkochende Kartoffeln
1 EL Currypulver
20 g Cashewnüsse
Außerdem
ca. 250 g Butterschmalz zum Braten

Für 4 Portionen | ca. 40 Min. Zubereitung
Pro Portion ca. 590 kcal, 30 g EW, 40 g F, 28 g KH

1 Die Lammschnitzel nach Belieben kalt abbrausen und mit Küchenpapier gut trocken tupfen. Auf einem Teller das Mehl mit Kreuzkümmel, Salz und Pfeffer vermischen. Die Eier und die saure Sahne in einem tiefen Teller mit einer Gabel gründlich verquirlen.

2 Die Kartoffeln schälen und grob raspeln. Mit den Händen gut ausdrücken, dann auf einen dritten Teller geben und mit dem Currypulver mischen. Die Cashewnüsse fein hacken und unter die Kartoffeln mengen.

3 Die Schnitzel zuerst im gewürzten Mehl, dann im verquirlten Ei und zuletzt in den geraspelten Kartoffeln wenden. Die Kartoffelraspel dabei gut andrücken – auch an den Seiten der Schnitzel. Das Fleisch muss komplett von den Raspeln umhüllt sein.

4 Reichlich Butterschmalz in zwei beschichteten Pfannen mittelstark erhitzen. Die umhüllten Fleischscheiben vorsichtig hineinlegen und ca. 2 Min. braten, bis die Kartoffelkruste auf der Unterseite goldbraun und knusprig gebraten ist.

5 Die Fleischscheiben vorsichtig mit einem Pfannenwender umdrehen. Auf der anderen Seite bei mittlerer Hitze ca. 2 Min. goldbraun anbraten, dann bei etwas reduzierter Hitze in ca. 3 Min. fertig braten. Evtl. nochmals wenden. Heiß servieren.

Einkaufstipp

Lammschnitzel sind einfach dünne Scheibchen aus Keule oder Rücken geschnitten. Sie sollten nicht dicker als ca. 1 cm sein. Abgepackt bekommt man sie selten, am besten den Fachmann an der Fleischtheke fragen. Oder mal im türkischen Supermarkt versuchen.

Passender Begleiter

Zum asiatisch angehauchten Fleisch passt ein würziges Chutney sehr gut. Natürlich können Sie ein fertiges Mango-Chutney kaufen. Chutney lässt sich aber ganz einfach selbst kochen und wochen- oder gar monatelang aufbewahren.
Ein **Apfel-Tomaten-Chutney** kann man beispielsweise so zubereiten: 600 g Tomaten einritzen und für einige Sekunden in kochendes Wasser legen. Herausheben, kalt abschrecken und häuten. Grob würfeln und die Stielansätze entfernen. 4 Zwiebeln schälen und würfeln. 40 g Ingwer schälen und hacken. 4 Chilischoten halbieren, entkernen, waschen und ebenfalls hacken. 1,5 kg aromatische Äpfel schälen, vierteln und entkernen, grob würfeln.
Alles zusammen mit 100 g Sultaninen, 200 g Zucker, 1/4 l Apfelessig, 1 EL Salz, 1 EL Senfkörnern und 1/4 TL schwarzem Pfeffer aus der Mühle in einem breiten Topf vermischen. Unter Rühren zum Kochen bringen, dann unter häufigem Rühren bei schwacher Hitze ca. 30 Min. köcheln lassen, bis das Chutney dicklich geworden ist. Kochend heiß in saubere Gläser abfüllen und diese fest verschließen.

Hähnchenschnitzel in Bier-Thymian-Hülle

175 g Dinkelmehl oder Weizenmehl
2 Eier
1/4 l Bier (s. »Mal anders«)
Salz | frisch gemahlener schwarzer Pfeffer
edelsüßes Paprikapulver
einige Zweige Zitronenthymian
8 kleine Hähnchenschnitzel (je ca. 70 g)
Außerdem
ca. 250 g Butterschmalz zum Braten

Für 4 Personen | ca. 40 Min. Zubereitung
Pro Portion ca. 530 kcal, 41 g EW, 25 g F, 30 g KH

1 Das Mehl mit den Eiern und dem Bier zu einem glatten Teig verrühren. Mit Salz, Pfeffer und Paprikapulver würzen und 10 Min. quellen lassen.

2 Den Zitronenthymian kalt waschen und trocken schütteln. Einige Zweige zum Garnieren beiseitelegen. Von den anderen Zweigen die Blättchen abstreifen und hacken. Unter den Teig rühren.

3 Die Hähnchenschnitzel kalt abspülen und mit Küchenpapier gut trocken tupfen. Einzeln in einem Gefrierbeutel oder zwischen zwei Lagen Frischhaltefolie gleichmäßig flach klopfen. In dem Bierteig wenden.

4 Reichlich Butterschmalz in zwei breiten Pfannen nicht zu stark erhitzen. Die Hähnchenschnitzel darin von jeder Seite 3–4 Min. sanft braten. Vorsichtig mit einem Pfannenwender umdrehen – und zwar erst dann, wenn der Teig auf der Unterseite knusprig geworden ist. Sonst hält der Teigmantel nicht am Fleisch.

5 Parallel dazu in einer weiteren Pfanne etwas Schmalz erhitzen. Den restlichen Teig esslöffelweise hineingeben und zu kleinen Puffern braten. Die Minipuffer mit den Hähnchenschnitzeln anrichten, das Ganze mit dem Zitronenthymian garnieren.

Passende Begleiter

Wenn es schnell gehen soll, nehmen Sie Pulver oder Flocken für Kartoffelpüree, die Sie nur mit heißem Wasser und/oder Milch anrühren müssen. Viel feiner ist natürlich frisch zubereitetes **Kartoffelpüree**, das wirklich im Handumdrehen gelingt: einfach 750 g Kartoffeln als Salzkartoffeln garen, abgießen und mit einem Kartoffelstampfer gut zerdrücken, dabei etwas Butter und heiße Milch dazugeben.
Auf die gleiche Art gelingt übrigens auch Püree aus Süßkartoffeln oder Kartoffel-Petersilienwurzel-Püree, für das Sie zwei Drittel Kartoffeln und ein Drittel Petersilienwurzeln klein geschnitten zusammen garen und zerdrücken.
Besonders raffiniert ist **Kartoffel-Wirsing-Püree**. Dafür 600 g Kartoffeln als Salzkartoffeln garen. 250 g jungen zarten Wirsingkohl in ganz feinen Streifen in wenig Salzwasser ca. 5 Min. garen, dann gut abtropfen lassen. 2–3 Frühlingszwiebeln in feinen Ringen in etwas Butter andünsten, vorgegarten Wirsing mit andünsten, mit 200 ml Milch ablöschen. Die Kartoffeln abgießen und ausdampfen lassen, zerdrücken und mit der Wirsingmischung vermengen. Mit Salz und Pfeffer abschmecken.

Mal anders

Mit Bier kochen ist für die meisten von uns eher ungewöhnlich. Probieren Sie es! Wenn Sie den Teig mit dem eher milden Weizenbier anrühren, wird die Hülle nur dezent herzhaft. Wer kräftiges Bieraroma möchte, nimmt Pils oder Altbier.
Wer eine andere Hülle möchte, brät **Hähnchenschnitzel im Kräutermantel**. Das geht so: 100 g Mehl mit gehackten Kräutern wie Petersilie und Kerbel, 3 Eigelben und 3 EL Buttermilch verrühren, salzen und pfeffern, zuletzt 3 Eiweiße steif schlagen und unterheben. Dünne Schnitzel darin wenden und in Butterschmalz ausbacken.

STEAKS, FILETS & KOTELETTS

Ob edles Rindersteak, feines Schweinefilet oder würziges Lammkotelett, alle Rezepte in diesem Kapitel stehen unter dem Motto »saftig und zart, kleiner Aufwand und großer Genuss«. Lassen Sie sich verführen.

Filetsteaks mit Rosmarin-Knoblauch-Schalotten

4 Filetsteaks (je 160–220 g)
150 g kleine Schalotten
4–6 frische Knoblauchzehen
4 Zweige Rosmarin
4 EL Olivenöl
grobes Meersalz (z. B. Fleur de Sel)
frisch gemahlener schwarzer Pfeffer oder Steakpfeffer
1/8 l trockener kräftiger Weißwein oder mittelschwerer Rotwein (ersatzweise Rinderfond)

Für 4 Personen | ca. 30 Min. Zubereitung
Pro Portion ca. 370 kcal, 40 g EW, 20 g F, 3 g KH

1 Die Steaks mit Küchenpapier trocken tupfen. Mit den Handballen in Form drücken oder einzeln in einem Gefrierbeutel oder zwischen zwei Lagen Frischhaltefolie leicht klopfen, bis sie überall gleichmäßig dick sind.

2 Die Schalotten schälen. Kleine Schalotten ganz lassen, größere zerteilen. Den Knoblauch schälen und in Stifte oder Scheiben schneiden. Den Rosmarin waschen und trocken schütteln. Die Nadeln von 2 Zweigen abstreifen und etwas kleiner hacken, die übrigen 2 Zweige halbieren und beiseitelegen.

3 1–2 EL Olivenöl in einer großen, schweren Pfanne stark erhitzen. Die Steaks hineinlegen und von jeder Seite ca. 1 Min. anbraten. Die Hitze reduzieren, Schalotten, Knoblauch und den gehackten Rosmarin in die Pfanne geben und ab jetzt öfter umrühren.

4 Die Steaks von jeder Seite noch 1–3 Min. braten. Nach 1 Min. sind sie innen noch recht blutig, nach 3 Min. sind sie rosa. Zwischendurch mit Salz und Pfeffer würzen. Die Steaks aus der Pfanne nehmen und in Alufolie gewickelt oder zugedeckt im 80° warmen Backofen einige Minuten nachziehen lassen.

5 Den Wein in die Pfanne gießen und den Bratensatz unter Rühren loskochen. Das restliche Olivenöl dazugeben, die Sauce mit den Rosmarin-Knoblauch-Schalotten würzen. Nach Belieben die Steaks wieder in die Pfanne geben und ganz kurz in der Sauce ziehen lassen.

6 Alles zusammen anrichten, einen halben Rosmarinzweig in jedes Steak stecken oder drauflegen.

Passende Begleiter

Ciabatta passt perfekt zu diesen Steaks, und ein gemischter Salat rundet den Genuss ab. Für einen besonderen Anlass probieren Sie doch mal **Parmesanknödel**: für 4 Personen in einem Topf 1/4 l Wasser mit 125 g Butter und je 1 Prise Salz und Zucker aufkochen lassen, bis die Butter geschmolzen ist. 125 g Mehl dazuschütten und mit der Flüssigkeit verrühren, bis sich der Teig zu einem Kloß zusammengeballt hat und am Topfboden eine weiße Schicht entstanden ist. Den Topf vom Herd nehmen, nacheinander (!) 4 Eier gründlich unter den Teig rühren. Etwa 1 Bund gehacktes Basilikum sowie 100 g frisch geriebenen Parmesan unter den Teig rühren und diesen abkühlen lassen. Mit nassen Händen 12 kleine Knödel daraus formen, in siedendes (nicht kochendes!) Wasser geben und bei schwacher bis mittlerer Hitze in ca. 15 Min. gar ziehen lassen.

Mal anders

Für die italienische Variante **Tagliata mit Rucola** Filetsteaks oder Rumpsteaks in etwas Olivenöl von jeder Seite ca. 1 Min. scharf anbraten. Die Hitze reduzieren, die Steaks weitere 2–4 Min. braten. Sie sollen innen rosig bis leicht blutig sein. Nach Belieben kommen Knoblauch und Rosmarin dazu. Die fertigen Steaks in ca. 1 cm dicke Scheiben schneiden, etwas alten (leicht süßlichen) Aceto balsamico darüberträufeln, Fleur de Sel aufstreuen und schwarzen Pfeffer darübermahlen. Dazu gehört traditionell ein Rucolasalat, angemacht mit wenig Dressing aus Zitronensaft, Aceto balsamico, Salz, Pfeffer und aromatischem Olivenöl. Zuletzt kann man noch Parmesan darüberhobeln.

PARAMOUNT
MADE IN SHEFFIELD
ENGLAND
STAINLESS STEEL

Ribeyesteak mit Pfeffer-Tomaten

200 g Kirschtomaten
10 Zweige Majoran
4 EL eingelegter grüner Pfeffer
4 Ribeyesteaks (je 160–220 g)
2 EL Olivenöl
Salz | frisch gemahlener schwarzer Pfeffer
1/8 l Rinderfond
2 EL Weinbrand (nach Belieben)

Für 4 Personen | ca. 20 Min. Zubereitung
Pro Portion ca. 370 kcal, 38 g EW, 21 g F, 1 g KH

1 Die Kirschtomaten waschen und halbieren. Den Majoran waschen und trocken schütteln, die Blättchen abzupfen. Den grünen Pfeffer abtropfen lassen.

2 Die Ribeyesteaks trocken tupfen. Den Fettrand mit einem scharfen Messer mehrmals bis knapp an das Fleisch heran einschneiden.

3 Das Olivenöl in einer breiten, schweren Pfanne erhitzen. Die Steaks darin von jeder Seite 1 Min. scharf anbraten. Von jeder Seite bei reduzierter Hitze noch 2–3 Min. braten, zwischendurch mit Salz und Pfeffer würzen. Die Steaks herausnehmen und in Alufolie gewickelt 5 Min. nachziehen lassen.

4 Den Fond in die Pfanne gießen und den Bratensatz unter Rühren lösen. Etwas einkochen lassen, dann nach Belieben den Weinbrand dazugießen. Tomaten, Majoranblättchen und den grünen Pfeffer dazugeben und 1–2 Min. unter Rühren erwärmen. Mit Salz und Pfeffer würzen, die Steaks kurz wieder dazugeben. Alles zusammen anrichten.

Passende Begleiter

Stangenweißbrot oder Baguette passen zu den saftigen Steaks ebenso gut wie Kartoffeln. Wenn Sie genug Zeit haben, können Sie **Ofenkartoffeln** zubereiten: Dafür 4 möglichst gleich große Kartoffeln von je 200–300 g gründlich waschen und in Alufolie wickeln. Bei 200° im Backofen knapp 1 Std. garen. Mit einem Spieß prüfen, ob die Knollen weich sind. Lieber frühzeitig in den Ofen legen – sie bleiben lange heiß und können gut auf die Zubereitung der Steaks warten. Umgekehrt geht's nicht – fertige Steaks müssen sofort auf den Tisch.
Auch knusprige **Zwiebelringe** sind eine beliebte Beilage zu Steaks. Dafür 2–3 große Zwiebeln schälen und in Scheiben schneiden, diese in einzelne Ringe teilen. 200 g Mehl mit Salz, reichlich Pfeffer und Paprikapulver mischen, die Zwiebelringe darin wenden. Überschüssiges Mehl abschütteln, dann die Ringe portionsweise in heißem Öl goldbraun ausbacken.

Mal anders

Für die seit den 70er-Jahren beliebten Pfeffersteaks gibt es Dutzende Rezepte. Bei der schlichtesten Version kommen eingelegte grüne Pfefferkörner zum Schluss in die Pfanne zu den Steaks. In anderen klassischen Rezepten wird eine Rahmsauce zubereitet. Dafür die nahezu fertigen Steaks aus der Pfanne nehmen und warm stellen. 3–4 EL eingelegte grüne Pfefferkörner und 150–200 g Schmand oder Crème fraîche in die Pfanne geben, unter Rühren aufkochen, abschmecken und über die Steaks geben.
Statt mit Ribeye können Sie die Pfeffersteaks auch mit Hüftsteaks zubereiten, dann entfällt das Einschneiden der Fettschicht. Hüftsteaks sind preisgünstiger und deutlich magerer, aber auch längst nicht so zart und saftig. Gerade bei diesen günstigeren Steaks ist die Herkunft vom Fleisch enorm wichtig. Kaufen Sie nur bei einem Metzger Ihres Vertrauens. Das Fleisch muss wirklich gut abgehangen sein, sonst haben Sie später eine Schuhsohle auf dem Teller. Und für solch enttäuschenden und zweifelhaften Genuss sind selbst Hüftsteaks zu teuer.

Schon gewusst?

Wie verwirrend die Bezeichnungen der einzelnen Steak-Varianten sind, können Sie auf Seite 14 nachlesen.
Im Prinzip eignen sich alle Steaks vom Rind für fast alle Rezepte. Hier wurde ein marmoriertes Ribeye genommen, erkennbar am Fettauge, das für viel Geschmack sorgt. Den Fettrand, der ebenfalls für Geschmack sorgt, unbedingt vor dem Braten einschneiden, damit er sich nicht wölbt und das Steak gleichmäßig gart. Übrigens gibt es Ribeyesteak je nach Land, Einkaufsquelle und Zuschnitt mit oder ohne Knochenanteil.

Knoblauch-Hüftsteaks mit Kräuter-Limetten-Butter

Für die Steaks
4 Hüftsteaks vom Rind (je 160–220 g)
2 Knoblauchzehen
2 EL Öl
frisch gemahlener schwarzer Pfeffer
gemahlener Koriander
Salz

Für die Kräuter-Limetten-Butter
1/2 Bund gemischte Kräuter (z. B. Kräuter für Frankfurter grüne Sauce)
1/2 Bio-Limette
125 g weiche Butter
Salz | frisch gemahlener schwarzer Pfeffer
1/2 TL rosa Pfefferkörner

Für 4 Personen
ca. 30 Min. Zubereitung + evtl. 1–2 Std. Marinieren
Pro Portion ca. 640 kcal, 36 g EW, 55 g F, 1 g KH

1 Die Steaks trocken tupfen. Die Knoblauchzehen schälen und fein hacken oder durch die Presse drücken, mit dem Öl sowie mit Pfeffer und etwas Koriander verrühren. Die Steaks damit einreiben und nach Belieben zugedeckt 1–2 Std. marinieren.

2 Für die Kräuter-Limetten-Butter die Kräuter waschen und trocken schütteln. Die Blättchen abzupfen und fein hacken. Die Limette heiß waschen und abtrocknen, die Schale fein abreiben und den Saft auspressen. Kräuter, Limettenschale und Limettensaft mit der weichen Butter verrühren, mit Salz und Pfeffer würzen. Die rosa Pfefferkörner ein wenig zerdrücken und ebenfalls unter die Butter mischen. Zugedeckt kalt stellen.

3 Eine breite schwere Pfanne stark erhitzen. Die marinierten Steaks hineinlegen und von jeder Seite 1 Min. scharf anbraten, zwischendurch salzen. Die Hitze reduzieren, die Steaks von jeder Seite noch 2–3 Min. braten. In Alufolie wickeln und 2–3 Min. nachziehen lassen. Die Kräuter-Limetten-Butter portionieren und zum Servieren neben oder auf die Steaks setzen.

Passende Begleiter

Wie zu allen Steaks passt Baguette ebenso gut wie Ofenkartoffeln (siehe S. 46) oder Pommes frites.

Mal anders

Ganz klar – jedes Steak lässt sich mit aromatischer Butter krönen. Hier einige Butter-Variationen:

Gorgonzolabutter: 125 g weiche Butter mit 2 zerdrückten Knoblauchzehen, 2 EL gehackter Petersilie und 75 g cremigem Gorgonzola kräftig verrühren, nach Belieben noch 1–2 EL trockenen Sherry einrühren. Mit Salz und Pfeffer würzen.

Knoblauchbutter: 4–5 frische Knoblauchzehen fein hacken und in etwas Butter goldbraun braten (nicht zu dunkel!). Unter 125 g weiche Butter rühren, salzen und pfeffern, einige Schnittlauchröllchen dazugeben.

Tomatenbutter: 6–8 getrocknete Tomaten (in Öl) klein würfeln, zusammen mit 1 EL Tomatenmark, etwas Salz und reichlich schwarzem Pfeffer unter 125 g weiche Butter rühren. Mit etwas frischem Thymian verfeinern.

Pinienkern-Zitronen-Butter: 3–4 EL Pinienkerne in einer Pfanne ohne Fett rösten, fein hacken und zusammen mit etwas abgeriebener Bio-Zitronenschale und 1 EL Zitronensaft unter 125 g weiche Butter rühren. Für noch mehr Zitronenaroma mit Zitronenpfeffer und Zitronenthymian abrunden. Leicht salzen.

Parmesan-Rosmarin-Butter: 50 g fein geriebenen Parmesan mit 125 g weicher Butter und 1 EL Tomatenmark verrühren. 1–2 EL frische Rosmarinnadeln fein hacken und in 1 TL Olivenöl anbraten, unter die Butter rühren. Mit Cayennepfeffer und 1 Prise Salz abschmecken.

Senf-Orangen-Butter: 125 g weiche Butter mit 1–2 TL abgeriebener Bio-Orangenschale, etwas Salz und 2 EL mittelscharfem Senf oder grobem Senf verrühren.

Rostbraten auf ungarische Art

350 g Möhren
200 g Petersilienwurzeln
100 g Knollensellerie
2 Zwiebeln
1 Bund Petersilie
einige Zweige Thymian
(oder 1/2–1 TL getrockneter Thymian)
4 Scheiben Roastbeef (je ca. 200 g)
4 EL Mehl
2 EL Schweineschmalz
1/4 l Fleischbrühe
1/8 l trockener Weißwein (ersatzweise Fleischbrühe)
Salz | frisch gemahlener schwarzer Pfeffer
1 Lorbeerblatt
1 EL Weinessig
1 TL scharfer Senf
200 g saure Sahne

Für 4 Personen | ca. 40 Min. Zubereitung
Pro Portion ca. 480 kcal, 51 g EW, 20 g F, 21 g KH

1 Das Gemüse waschen und putzen. Möhren, Petersilienwurzel und Sellerie in feine Stifte schneiden. Die Zwiebeln schälen und fein würfeln. Die Petersilie und den Thymian waschen und trocken schütteln. Die Petersilie fein hacken, die Thymianblättchen abzupfen.

2 Die Roastbeefscheiben mit Küchenpapier gut trocken tupfen. Rundherum in Mehl wenden. Restliches Mehl beiseitestellen.

3 1 EL Schmalz in einer großen Pfanne erhitzen und die Zwiebeln darin goldgelb braten. Das vorbereitete Gemüse einrühren und mit andünsten, mit der Brühe und dem Wein ablöschen. Mit Salz, Pfeffer, der Hälfte der vorbereiteten Kräuter, Lorbeerblatt, Essig und dem Senf würzen. Bei schwacher Hitze ca. 5 Min. unter gelegentlichem Rühren kochen lassen.

4 Das übrige Schmalz in einer anderen großen, schweren Pfanne erhitzen. Die Roastbeefscheiben darin von jeder Seite ca. 1 Min. kräftig anbraten. Die Hitze reduzieren, das Fleisch salzen und pfeffern. Das Gemüse darübergeben, alles zugedeckt noch ca. 5 Min. garen.

5 Das Fleisch aus der Pfanne nehmen und zugedeckt warm halten. Die saure Sahne mit dem restlichen Mehl verquirlen und zum Gemüse geben, gut verrühren und bei mittlerer Hitze kurz durchkochen. Würzig abschmecken und mit dem Fleisch servieren. Die restlichen Kräuter darüberstreuen.

Passende Begleiter

Zu diesem klassischen ungarischen Gericht passen Spätzle besonders gut – entweder selbst gemacht oder aus dem Kühlregal. In Ungarn isst man traditionell **Tarhonya** dazu, kleine Nudelgraupen. Die gibt es auch bei uns in Spezialitätengeschäften zu kaufen. Wer sie einmal selbst machen möchte: aus 350 g Mehl, 1 TL Salz und 3 Eiern einen geschmeidigen Teig kneten. Dabei eventuell tropfenweise Wasser dazugeben, bis der Teig zusammenhält. Den Teig etwas trocknen lassen, mit einem großen Messer fein hacken und anschließend durch ein grobmaschiges Sieb streichen. Je nach Region und Familienrezept sind die Teigkügelchen mal nur so groß wie Reiskörner, dann eher wie Linsen. In jedem Fall breitet man sie auf einem mit Mehl bestreuten Tuch aus und lässt sie 1–2 Tage trocknen. Später werden die Tarhonya in heißem Schmalz leicht angebraten und entweder mit Gemüse oder nur mit etwas Brühe weich gedünstet.

Anderer Klassiker

Für **Zwiebelrostbraten** 4 große Zwiebeln schälen und in dünne Scheiben schneiden, die Scheiben in Ringe teilen. 4 Scheiben Roastbeef rundherum pfeffern, in einer breiten Pfanne in etwas heißem Öl von beiden Seiten scharf anbraten, dann von jeder Seite noch 2 Min. bei reduzierter Hitze braten. Zugedeckt bei 80° im Ofen warm stellen. Etwas Butter in der Pfanne aufschäumen, die Zwiebelringe darin bräunen. Ganz leicht mit Mehl bestäuben, etwas fein gehackte Petersilie dazugeben und alles salzen und pfeffern. Die Zwiebeln mit dem Roastbeef anrichten.

Gefülltes Filet im Speckmantel

75 g Macadamianüsse
3 Wacholderbeeren
1 großes Bund Petersilie
Salz | Steakpfeffer
6–7 EL Olivenöl
200 g Kirschtomaten
4 dicke Filetsteaks vom Rind (je 200–250 g)
100 g Bacon (Frühstücksspeck in dünnen Scheiben)
200 ml trockener kräftiger Weißwein (z. B. Grauburgunder; ersatzweise kräftige Fleischbrühe)

Außerdem
Küchengarn

Für 4 Personen | ca. 30 Min. Zubereitung
Pro Portion ca. 795 kcal, 52 g EW, 60 g F, 4 g KH

1 Etwa zwei Drittel der Macadamianüsse hacken. Die Wacholderbeeren mit einem großen Messer fein schneiden oder im Mörser zerdrücken. Die Petersilie waschen und trocken schütteln. Einige Blättchen zum Garnieren beiseitelegen, die restlichen fein hacken. Gehackte Nüsse, Wacholderbeeren und die Hälfte der gehackten Petersilie mit wenig Salz, etwas Steakpfeffer und 4 EL Olivenöl mischen. Die Tomaten waschen.

2 Die Rinderfilets mit Küchenpapier gut trocken tupfen. In jedes Filet mit einem scharfen Messer eine möglichst tiefe Tasche einschneiden. Die Nuss-Petersilien-Mischung in die Taschen füllen. Die Filets mit den Händen wieder in Form drücken und gleichmäßig formen. Jedes Filet am Rand mit zwei Scheiben Bacon umwickeln und mit Küchengarn festbinden. Den restlichen Bacon fein würfeln.

3 Das übrige Öl in einer schweren Pfanne stark erhitzen. Die Filets darin von jeder Seite ca. 1 Min. scharf und braun anbraten. Mit einem Pfannenwender umdrehen, mit Salz und Steakpfeffer würzen.

4 Die Hitze reduzieren, die Filets noch insgesamt 6–8 Min. (je nach gewünschtem Garzustand) braten, zwischendurch noch zweimal wenden. Zuletzt den gewürfelten Bacon mit in die Pfanne geben und knusprig braten. Die Filets anrichten, das Küchengarn entfernen und den Speck darübergeben. Zugedeckt im 80° warmen Backofen warm halten.

5 Sofort die Tomaten und die übrigen Macadamianüsse in der Pfanne schwenken und die übrige gehackte Petersilie einrühren. Den Wein in die Pfanne gießen und den Bratensatz unter Rühren lösen, etwas einkochen und abschmecken, am Rand über die Filets geben. Mit den Petersilienblättchen garnieren.

Passende Begleiter

Bratkartoffeln schmecken ebenso gut zum gefüllten Steak wie ein feines Kartoffelgratin. Außerdem können Sie Gemüse als Beilage servieren, z B. grüne Bohnen.

Schon gewusst?

Macadamianüsse sind die Früchte von fünf bis sechs Meter hohen Bäumen, die ursprünglich in Australien beheimatet waren. Größter Produzent ist heute allerdings Hawaii. Die Nüsse sind beinahe rund, meist etwas größer als Haselnusskerne und viel heller. Zudem haben sie einen feineren, milden Geschmack. Da die Ernte aufwendig ist und die Nachfrage groß, sind die Nüsse leider recht teuer. Wenn Sie keine bekommen oder Ihnen der Preis zu hoch ist, nehmen Sie Walnusskerne oder Mandeln.

Parmesan-Medaillons Florentiner Art

70 g Parmesan
2 EL Semmelbrösel
3 EL Mehl
frisch gemahlener schwarzer Pfeffer
edelsüßes Paprikapulver
2 Eier (Größe S)
8 Schweinefilet-Medaillons (ca. 3 cm dick, ca. 600 g)
1 Zwiebel
2 Knoblauchzehen
1 EL Olivenöl
2–3 EL Pinienkerne
500 g TK-Blattspinat
Salz
4 kleine Tomaten

Außerdem
ca. 1/4 l neutrales Pflanzenöl zum Braten

Für 4 Personen | ca. 35 Min. Zubereitung
Pro Portion ca. 420 kcal, 48 g EW, 18 g F, 13 g KH

1 Den Parmesan fein reiben und auf einem Teller mit den Semmelbröseln mischen. Auf einem zweiten Teller das Mehl mit Pfeffer und Paprikapulver mischen. Die Eier auf einem dritten (tiefen) Teller verquirlen.

2 Die Medaillons nach Belieben unter kaltem Wasser abwaschen, mit Küchenpapier gut trocken tupfen. Etwas flach drücken, sodass etwa 1 cm dicke Scheiben entstehen. Diese Scheiben zuerst im gewürzten Mehl, dann im verquirlten Ei und zuletzt im Parmesan wenden. Die Panade andrücken.

3 Die Zwiebel und den Knoblauch schälen und fein würfeln bzw. durch die Presse drücken. Das Olivenöl in einem Topf erhitzen und Zwiebel und Knoblauch darin bei mittlerer Hitze leicht anbraten, die Pinienkerne dazugeben und ebenfalls anbraten. Den Spinat dazugeben und zugedeckt bei ganz schwacher Hitze auftauen lassen. Mit Salz und Pfeffer würzen.

4 Das Pflanzenöl in einer Pfanne nicht zu stark erhitzen. Die Medaillons darin von beiden Seiten anbraten, dann bei reduzierter Hitze insgesamt ca. 5 Min. braten, bis sie goldbraun und innen noch leicht rosa sind.

5 Die Tomaten waschen und halbieren, von den Stielansätzen befreien, in die Pfanne geben und kurz mitbraten. Den Spinat abschmecken und mit den Medaillons und den Tomaten anrichten.

Passende Begleiter

Italienisches Weißbrot passt bestens, und zum Glück haben Ciabatta & Co. ja längst den Weg über die Alpen zu uns gefunden. Aber natürlich können Sie auch Stangenweißbrot oder französisches Baguette zu den Medaillons genießen – die Herkunft des Brotes aus einem anderen Land wird das kulinarische Vergnügen sicher nicht trüben.

Schon gewusst?

Die Parmesanhülle verlangt etwas Aufmerksamkeit. Einerseits dürfen Sie die Medaillons nicht zu früh wenden, denn dann bleibt die Hülle vermutlich am Pfannenboden kleben. Andererseits darf der Parmesan nicht zu heiß und dunkel werden, sonst schmeckt er bitter. Übrigens ist dieses Rezept in Anlehnung an eine Mailänder Spezialität entstanden: Piccata alla milanese (siehe S. 25) stand Pate!

Glasiertes Schweinefilet mit Sellerie-Orangen-Gemüse

2 Bio-Orangen
4 EL helle Sojasauce
3 EL flüssiger Honig
frisch gemahlener schwarzer Pfeffer
1 Schweinefilet (ca. 500 g)
1 Staudensellerie
75 g Kumquats (Zwergorangen)
2 EL Öl
1/8 l Gemüsebrühe
Fleur de Sel

Für 4 Personen
ca. 30 Min. Zubereitung + evtl. 1 Std. Marinieren
Pro Portion ca. 305 kcal, 30 g EW, 9 g F, 25 g KH

1 Die Orangen heiß waschen und gut abtrocknen. Die Schale fein abreiben und mit der Sojasauce und dem Honig verquirlen. Kräftig pfeffern.

2 Das Schweinefilet nach Belieben kalt abwaschen und trocken tupfen. In der Marinade wenden und zugedeckt kurz ziehen lassen, für noch mehr Aroma gerne auch 1 Std. in den Kühlschrank stellen.

3 Den Sellerie waschen und putzen. Die Blätter beiseitelegen, die Stangen schräg in Scheiben schneiden. Die Kumquats heiß waschen und abtrocknen, in Scheiben schneiden.

4 Das Öl in einer breiten Pfanne erhitzen. Das Schweinefilet abtropfen lassen, trocken tupfen und in der Pfanne bei mittlerer Hitze rundherum kräftig anbraten. Den Sellerie und die Kumquats dazugeben und unter Rühren kurz mit anbraten. Die Brühe und die Marinade angießen, alles zugedeckt ca. 15 Min. bei mittlerer Hitze garen, zwischendurch umrühren und das Schweinefilet wenden.

5 Inzwischen die Orangen mit einem scharfen Messer schälen und filetieren, abtropfenden Saft dabei auffangen. Orangenfilets und Orangensaft in die Pfanne geben und kurz erhitzen.

6 Das Schweinefilet aus der Pfanne nehmen und schräg in Scheiben schneiden. Mit dem Sellerie-Orangen-Gemüse anrichten. Das beiseitegelegte Selleriegrün hacken und darüberstreuen. Zuletzt etwas Fleur de Sel aufstreuen.

Passender Begleiter

Reis passt perfekt zum leicht süßlichen Filet. Wenn es etwas Besonderes sein soll, kochen Sie **Safranreis**: dafür 400 ml Gemüsefond aufkochen, 1 Döschen oder 1 Tütchen gemahlenen Safran darin auflösen. 200 g Langkornreis einrühren und zugedeckt bei schwacher Hitze in 15–20 Min. ausquellen lassen. Eventuell noch etwas Wasser angießen, wenn der Reis zu trocken wird. Zuletzt etwas fein gehackte Petersilie unterrühren und den Reis mit Salz und frisch gemahlenem weißem Pfeffer abschmecken.

Schon gewusst?

Auch Bio-Orangen sollten Sie stets unter heißem Wasser gründlich waschen und trocken reiben, wenn Sie die Schale verwenden wollen.

Mal anders

Asien-Fans kombinieren das marinierte Schweinefilet mit einer Mischung aus Sellerie, Chinakohl und Mungobohnensprossen. Geben Sie Chinakohl und Bohnensprossen nur für 3–4 Min. zu den übrigen Zutaten, sonst wird das Gemüse zu weich. Würzen Sie die Marinade zusätzlich mit 1–2 TL Fünf-Gewürz-Pulver. Reis passt auch hier als Beilage. Nehmen Sie den feinen Duftreis und streuen Sie etwas Koriandergrün obenauf.

Überbackene Schweinemedaillons in Biersauce

8 Schweinefilet-Medaillons (2–3 cm dick; 500–600 g)
1/2 Bund Petersilie
10–12 Zweige Thymian
70 g weiche Butter
50 g Semmelbrösel
50 g fein geriebener würziger Bergkäse
2 EL Öl
Salz | frisch gemahlener schwarzer Pfeffer
200 ml Altbier
200 ml Fleischbrühe
1/2–1 EL dunkler Saucenbinder (nach Belieben)

Für 4 Personen | ca. 35 Min. Zubereitung
Pro Portion ca. 455 kcal, 38 g EW, 27 g F, 2 g KH

1 Den Backofen auf 200° (Umluft 175°) vorheizen. Die Medaillons nach Belieben kalt abspülen und trocken tupfen. Etwas flach und in Form drücken.

2 Die Petersilie und den Thymian waschen und trocken schütteln, die Blättchen fein hacken und mit der Butter, den Semmelbröseln und dem Käse verrühren, kräftig pfeffern.

3 Das Öl in einer schweren Pfanne erhitzen. Die Medaillons darin von jeder Seite ca. 1 Min. bei starker Hitze scharf anbraten. Zwischendurch salzen und pfeffern. Die Medaillons dann in eine ofenfeste Form setzen, die Kräuter-Brösel-Mischung darauf verteilen. Die Medaillons im heißen Ofen (im oberen Drittel) 8–10 Min. überbacken.

4 Inzwischen das Bier und die Brühe in die Pfanne gießen, den Bratensatz unter Rühren lösen. Die Sauce bei starker Hitze etwas einkochen lassen, nach Belieben mit Saucenbinder ganz leicht andicken. Die Sauce abschmecken und zu den Medaillons servieren.

Passender Begleiter

Kartoffeln passen gut zu dem herb-würzigen Essen. Für einen süßlichen Kontrast sorgen **karamellisierte Kartoffeln**, die ganz einfach gemacht sind. Dafür 600 g kleine neue Kartoffeln waschen und gut abreiben, in 2 EL Öl in einer Pfanne rundherum anbraten. Mit Salz, Pfeffer und gemahlenem Koriander würzen und offen bei mittlerer Hitze in ca. 20 Min. garen. Zwischendurch mehrmals wenden. Zuletzt 1 EL Zucker über die Kartoffeln streuen und diese noch 2 Min. unter ständigem Rühren braten – der Zucker karamellisiert und verleiht den Knollen ein leicht süßliches Aroma.

Mal anders

Es ist Wild-Saison? Dann nehmen Sie doch mal Wildschwein-Medaillons. Die sind dunkler und würziger im Geschmack. Gut passen aber auch Rindersteaks zu Kruste und Biersauce. Günstiger wird's mit Schweinekoteletts. Und wer das Bier nicht mag, nimmt zum Ablöschen mehr Brühe oder Brühe und Wein.
Für **Schweinemedaillons in Currysahne** die Medaillons wie links beschrieben vorbereiten. In heißem Öl in einer Pfanne von jeder Seite 1/2 –1 Min. scharf anbraten, dann bei reduzierter Hitze von jeder Seite noch ca. 3 Min. braten. Aus der Pfanne nehmen und zugedeckt bei 80° im Ofen warm stellen. 2 EL Currypulver in die Pfanne streuen und unter Rühren leicht anrösten, nach Belieben auch einige grob gehackte Cashewnüsse dazugeben. 200 g Sahne angießen, alles unter Rühren kräftig kochen lassen, bis die Sauce leicht cremig geworden ist. Die Medaillons hineingeben und kurz erhitzen, abschmecken und alles mit Schnittlauch bestreut servieren. Wer es süßlich mag und auf Klassiker der 70er-Jahre steht, kann auch noch Ananaswürfel in der Sauce erhitzen.

Gefüllte Schweinerückensteaks mit Apfelsauce

4–5 Zweige Zitronenthymian
1 kleine Stange Lauch
1 säuerlicher Apfel
2–3 EL Butterschmalz
Salz | frisch gemahlener schwarzer Pfeffer
gemahlener Piment
4 dicke Schweinerückensteaks (je ca. 200 g)
1/4 l Fleischbrühe
1/4 l Apfelsaft, Apfelwein oder Cidre
100 g Schmand
1–2 TL Apfeldicksaft oder Apfelkraut
(aus dem Reformhaus)
Außerdem
Holz- oder Metallspießchen

Für 4 Personen | ca. 45 Min. Zubereitung
Pro Portion ca. 495 kcal, 42 g EW, 27 g F, 10 g KH

1 Den Zitronenthymian kurz abwaschen und trocken tupfen, die Blättchen abzupfen. Den Lauch putzen, längs aufschneiden und gründlich waschen, gut trocken schütteln und in feine Ringe schneiden. Den Apfel gut abwaschen und trocken reiben, vierteln, entkernen und klein würfeln.

2 Ca. 2 TL Butterschmalz in einer Pfanne leicht erhitzen, den Lauch hineingeben und bei mittlerer Hitze 4–5 Min. unter häufigem Rühren garen. Thymian und die Apfelwürfel dazugeben, alles mit Salz, Pfeffer und etwas Piment würzen. Noch kurz erhitzen, dann in eine Schüssel umfüllen und etwas abkühlen lassen.

3 Die Schweinerückensteaks nach Belieben kalt abwaschen und gut trocken tupfen. In jedes Steak mit einem scharfen Messer eine tiefe Tasche schneiden. Die Lauch-Apfel-Mischung in die Fleischtaschen füllen. Was nicht hineinpasst, beiseitestellen. Die Öffnungen mit Holzspießen zustecken und die Steaks rundherum salzen und pfeffern.

4 Das restliche Butterschmalz in einer Pfanne erhitzen. Die gefüllten Steaks darin bei starker Hitze von jeder Seite 1/2 Min. anbraten. Dann die Hitze reduzieren und die Steaks offen 12–14 Min. bei schwacher Hitze garen, zwischendurch zwei- oder dreimal wenden.

5 Die fertigen Steaks aus der Pfanne nehmen und zugedeckt warm stellen. Die Brühe in die Pfanne gießen und den Bratensatz unter Rühren lösen. Apfelsaft, Apfelwein oder Cidre angießen und die Flüssigkeit bei starker Hitze auf die Hälfte einkochen lassen.

6 Den Schmand einrühren, die Sauce kurz erhitzen und mit Apfeldicksaft oder Apfelkraut sowie Salz, Pfeffer und Piment abschmecken. Eventuell Reste der Füllung einrühren, die Sauce zu den Steaks servieren.

Passende Begleiter

Salzkartoffeln runden den Genuss der saftigen Steaks ab. Wer es fruchtig liebt, kann zusätzlich Apfelspalten in Butterschmalz kurz anbraten, mit Salz und etwas grobem Pfeffer würzen und dazu reichen. Gut passt auch Süßkartoffelpüree, das sich genauso zubereiten lässt wie Püree aus normalen Kartoffeln.

Mal anders

Immer andere Zutaten lassen sich für die Füllung kombinieren. Für **Sizilianische Steaks** 4 getrocknete Tomaten (in Öl) fein schneiden, mit gehacktem Knoblauch, 4 EL in Marsala eingeweichten Rosinen und Chiliflocken mischen, nach Belieben zusätzlich etwas abgeriebene Bio-Orangenschale zugeben. Herzhaft würzen. Die Steaks wie beschrieben füllen und braten. 2–3 EL feine Zwiebelwürfel im Bratensatz andünsten, dann mit 200 ml Brühe und 100 ml Marsala und/oder Orangensaft ablöschen und die Flüssigkeit etwas einkochen lassen. Süßlichscharf abschmecken.
Für **Griechische Steaks** 50 g entsteinte Oliven und 50 g Schafskäse (Feta) würfeln, mit frischem Oregano, Salz und Pfeffer mischen, in die Steaks füllen und diese gut verschließen, damit der Käse nicht auslaufen kann. Die Steaks wie beschrieben braten, aber in Olivenöl. Warm stellen, dann 1 klein gewürfelte Paprikaschote im Bratensatz andünsten. Mit 1/4 l Brühe ablöschen und diese kräftig einkochen lassen. 1 kleine Dose stückige Tomaten einrühren. Ebenfalls etwas einkochen und das Ganze sehr pikant abschmecken.

Rosmarin-Koteletts mit Tomaten-Oliven-Füllung

50 g getrocknete Tomaten (in Öl)
+ 1 EL Tomatenöl
10 schwarze Oliven
3 Zweige Rosmarin
3 Zweige Thymian
Salz | frisch gemahlener schwarzer Pfeffer
4 dicke Schweinekoteletts (je ca. 250 g)
2 EL Olivenöl
Außerdem
Holz- oder Metallspießchen

Für 4 Personen | ca. 40 Min. Zubereitung
Pro Portion ca. 460 kcal, 51 g EW, 22 g F, 0 g KH

1 Die Tomaten in kleine Würfel schneiden. Die Oliven eventuell zuerst entsteinen, dann grob hacken. Beides mit 1 EL Öl aus dem Tomatenglas mischen.

2 Die Kräuter waschen und trocken schütteln. Nadeln bzw. Blättchen von den Stielen streifen und getrennt hacken. Die Hälfte vom Rosmarin und den ganzen Thymian zur Tomaten-Oliven-Mischung geben und diese mit Salz und Pfeffer abschmecken.

3 Die Koteletts nach Belieben unter kaltem Wasser abspülen, dann gut trocken tupfen. Damit sie gleichmäßig garen, mit einem schmalen scharfen Messer einen kleinen Einschnitt am Knochen entlang machen. Wenn die Koteletts eine dicke Fettschicht haben, diese mehrmals bis knapp unter das Fleisch einschneiden, damit sie sich beim Braten nicht wölbt. In jedes Kotelett mit einem scharfen Messer eine möglichst große Tasche schneiden.

4 Die Tomaten-Oliven-Mischung in die Koteletts füllen und die Öffnungen mit Holz- oder Metallspießchen zustecken. Die Koteletts außen mit dem übrigen Rosmarin einreiben.

5 Das Olivenöl in einer Pfanne stark erhitzen und die Koteletts darin von beiden Seiten scharf anbraten. Salzen und pfeffern, bei reduzierter Hitze noch insgesamt 10 Min. braten, zwischendurch mehrmals wenden.

Passende Begleiter

Nach Belieben zusammen mit den Koteletts gewürfelte rote Paprika und Tomaten braten. Zu den mediterran gefüllten Koteletts passen Nudeln ebenso gut wie ein saftiges Risotto. Wie wäre es mit den kleinen griechischen Nudeln Kritharaki, die wie große Reiskörner aussehen? Machen Sie würzige **Tomatennudeln** daraus: dafür 400 g Nudeln in Salzwasser gerade eben bissfest garen und gut abtropfen lassen. In einer Pfanne mit hohem Rand 2 EL Zwiebelwürfel und 1–2 zerdrückte Knoblauchzehen in etwas Olivenöl andünsten. Mit etwas Brühe oder Rotwein ablöschen, dann 1 kleine Dose stückige Tomaten einrühren. Mit Salz und Pfeffer würzen, nach Belieben zusätzlich mit etwas Tomatenmark. Einige Minuten köcheln lassen, dann die abgetropften Nudeln untermengen. Für noch mehr Würze zusätzlich gehackte Kräuter unterrühren.

Mal anders

Für **Curry-Zwiebel-Koteletts** 2–3 Zwiebeln in sehr dünne Scheiben schneiden und in wenig Öl anbraten. 1–2 TL scharfes Currypulver darüberstreuen und mit andünsten, mit 1/8 l Brühe ablöschen und 10 Min. dünsten. 1 kleinen Apfel sehr fein würfeln und unter die Zwiebeln mischen, die Flüssigkeit verkochen lassen. Mit Salz, Pfeffer und Oregano abschmecken, als Füllung für die Koteletts nehmen.
Für **Neapolitanische Koteletts** 8–10 getrocknete Tomaten (in Öl) fein würfeln, 75 g Mozzarella ebenfalls fein würfeln. Mit fein gehacktem Basilikum und etwas Olivenöl mischen, in die Koteletts füllen. Gut verschließen, damit der Käse nicht herausläuft.

Hähnchenfilet à la Tandoori

2 Knoblauchzehen
25 g frischer Ingwer
200 g fettarmer Joghurt
2–3 EL Tandoori-Gewürzpulver (siehe Einkaufstipp)
4 Hähnchenbrustfilets ohne Haut (je ca. 150 g)
2 EL Öl
1 Bund Frühlingszwiebeln
1 TL Mehl
1/8 l Hühnerbrühe
1/4 TL gemahlener Kreuzkümmel
Salz
1–2 EL Zitronensaft

Für 4 Personen
ca. 30 Min. Zubereitung + evtl. 1–2 Std. Marinieren
Pro Portion ca. 315 kcal, 36 g EW, 16 g F, 5 g KH

1 Den Knoblauch schälen und in eine Schüssel pressen. Den Ingwer schälen und fein reiben oder sehr klein würfeln, zum Knoblauch geben. Joghurt und 1 EL Tandoori-Gewürzpulver dazugeben und alles gründlich verrühren.

2 Die Hähnchenbrustfilets kalt abwaschen und mit Küchenpapier trocken tupfen. In der Marinade wenden, nach Belieben zugedeckt einige Stunden im Kühlschrank ziehen lassen.

3 Das Öl in einer breiten beschichteten Pfanne erhitzen. Die Hähnchenfilets abtropfen lassen, etwas Marinade abstreifen und die Filets ins heiße Öl legen. Bei mittlerer Hitze knapp 10 Min. braten, zwischendurch mehrmals wenden.

4 Inzwischen die Frühlingszwiebeln waschen, putzen und schräg in feine Ringe schneiden. Die Marinade mit dem Mehl und der Brühe verrühren.

5 Die weißen Zwiebelteile und die Joghurtmarinade zu den Hähnchenfilets in die Pfanne geben, alles gut vermischen. Mit Tandoori-Gewürz, Kreuzkümmel, Salz und Zitronensaft abschmecken. Zum Servieren die grünen Zwiebelringe darüberstreuen.

Passende Begleiter

Das würzige Hähnchen braucht eine sanfte Beilage – servieren Sie feinen Duftreis dazu. Aber auch typisch indisches Brot passt gut, etwa Chapati. Das bekommen Sie im Asienladen.

Schon gewusst?

Tandoori-Gerichte verdanken ihren Namen dem indischen hohen Lehmofen, dem Tandoor. Die Zutaten werden darin über Holzkohlefeuer gegart. Die Temperaturen sind dabei sehr hoch, sodass das Fleisch schnell gar und besonders aromatisch und saftig wird.

Einkaufstipp

Tandoori-Gewürzpulver bekommen Sie in Asienläden oder gut sortierten Gewürzregalen größerer Supermärkte. Auch Tandoori-Gewürzpasten im Glas gibt es dort. Da Geschmack und Intensität je nach Hersteller schwanken, sollten Sie zurückhaltend dosieren.

Entenbrust à l'orange

4 Bio-Orangen
2 Entenbrustfilets (je ca. 350 g; mit oder ohne Knochen, siehe Einkaufstipp)
Salz | frisch gemahlener schwarzer Pfeffer
100 g Schalotten
50 ml Cognac (nach Belieben)
400 ml Entenfond (aus dem Glas)

Für 4 Personen | ca. 30 Min. Zubereitung
Pro Portion ca. 390 kcal, 34 g EW, 15 g F, 14 g KH

1 Die Orangen heiß waschen und abtrocknen. Von einer die Schale fein abreiben, von 2 Früchten mit einem Zestenreißer etwas Schale in feinen Spänen abziehen. Von 2 Früchten den Saft auspressen. Die beiden anderen Orangen mit einem Messer so schälen, dass auch die weiße Haut vollständig entfernt wird. Die Orangen dann halbieren oder vierteln und in Scheiben schneiden.

2 Die Entenbrustfilets kalt abwaschen und trocken tupfen. Mit einem scharfen Messer die Haut kreuzweise einschneiden, dabei aber nicht ins Fleisch schneiden. Die Filets mit Salz, Pfeffer und abgeriebener Orangenschale einreiben.

3 Die Filets mit der Hautseite nach unten in eine schwere Pfanne legen. Die Pfanne erhitzen und die Filets auf der Hautseite anbraten, bis reichlich Fett ausgebraten ist. Erst dann die Filets wenden und auf der anderen Seite anbraten. Anschließend die Hitze reduzieren und die Filets insgesamt noch ca. 12 Min. braten, ab und zu wenden.

4 Die Schalotten schälen und in dünne Scheiben schneiden.

5 Die Filets aus der Pfanne nehmen und in Alufolie gewickelt warm stellen. Das Fett bis auf 1 EL aus der Pfanne gießen. Dann die Schalotten in die Pfanne geben und goldgelb braten. Nach Belieben mit dem Cognac ablöschen. Orangensaft und den Fond angießen und bei starker Hitze auf die Hälfte einkochen lassen.

6 Die zerteilten Orangenscheiben hineingeben und erwärmen. Mit Salz und Pfeffer würzen und mit den Entenbrustfilets anrichten. Die Orangenschalenstreifen aufstreuen.

Passende Begleiter

Baguette ist ein schneller Begleiter. Wenn Sie mehr Zeit haben, können Sie ein feines **Kartoffelgratin** als Beilage zubereiten: dafür etwa 1 kg festkochende Kartoffeln schälen, trocken tupfen und in dünne Scheiben schneiden oder hobeln. Die Scheiben in eine Gratinform geben. Besonders schön sieht es aus, wenn Sie die Scheiben wie Dachziegel und kreisförmig in der Form verteilen. 4 Eier mit 200 g Sahne oder Schmand verquirlen, mit Thymian, Salz und Pfeffer würzen, eventuell auch etwas frisch geriebene Muskatnuss einrühren. Über die Kartoffeln verteilen, das Gratin im 200° heißen Ofen auf der mittleren Schiene etwa 45 Min. garen.

Mal anders

Entenbrust aus dem Ofen – das ideale Essen für Gäste. Damit Sie Hände und Gedanken für andere Arbeitsschritte oder den Genuss der Vorspeise frei haben, werden die Filets ebenfalls in der Pfanne angebraten, dann aber ca. 45 Min. bei 80° in den Backofen gestellt. Daraus können dann auch einige Minuten mehr werden, etwa wenn die Vorspeise noch nicht aufgegessen ist.

Einkaufstipp

Frische Entenbrust gibt es in sehr guter Qualität oft auch auf Wochenmärkten am Geflügelstand zu kaufen und wird dann manchmal mit dem kleinen Flügelknochen angeboten. Zubereitung und Garzeit bleiben gleich wie bei der Entenbrust ohne Knochen.

Gebratene Entenbrust im Sesam-Mantel

2 Entenbrustfilets (je ca. 350 g)
Salz | frisch gemahlener schwarzer Pfeffer
gemahlener Kardamom
50 g Sesamsamen
2 EL Butterschmalz
1 Bio-Zitrone
2 Köpfe Radicchio (je ca. 250 g)
200 ml Geflügelfond (aus dem Glas)

Für 4 Personen | ca. 30 Min. Zubereitung
Pro Portion ca. 425 kcal, 35 g EW, 24 g F, 3 g KH

1 Die Entenbrustfilets kalt abwaschen und mit Küchenpapier trocken tupfen, rundherum mit Salz, Pfeffer und Kardamom einreiben. Im Sesam wenden und die Sesamsamen gut andrücken.

2 Das Butterschmalz in einer Pfanne zerlassen. Die Entenbrustfilets darin zuerst mit der Hautseite nach unten, dann auch auf der anderen Seite mittelstark anbraten. Anschließend bei reduzierter Hitze noch ca. 12 Min. braten, zwischendurch mehrmals wenden.

3 Inzwischen die Zitrone heiß waschen und abtrocknen. Die Schale fein abreiben und den Saft auspressen. Den Radicchio putzen, waschen und gut trocken schütteln. In schmale Streifen schneiden.

4 Die Entenbrustfilets aus der Pfanne nehmen und in Alufolie gewickelt nachziehen lassen. Das Fett bis auf etwa 1 EL aus der Pfanne gießen. Geflügelfond, Zitronensaft und -schale in die Pfanne geben, die Sauce aufkochen und den Bratensatz unter Rühren lösen. Den Radicchio dazugeben und ca. 2 Min. mitgaren. Das Gemüse mit Salz, Pfeffer und Kardamom würzen.

5 Die Entenbrustfilets auswickeln, in Scheiben schneiden und mit dem Radicchio-Gemüse anrichten.

Passende Begleiter

Wie immer, wenn es schnell gehen soll, passt Baguette als Begleiter. Wenn Sie mehr Zeit haben, braten Sie **Schupfnudeln**, die es in sehr guter Qualität in den Kühltheken der Supermärkte gibt. Wer Lust und Zeit hat, sie einmal selbst zuzubereiten: Etwa 750 g mehligkochende Kartoffeln am Vortag ungeschält garen, abkühlen lassen. Dann die Kartoffeln schälen und reiben, mit 2 Eiern, Salz, Muskatnuss und weißem Pfeffer vermengen. Etwa 130 g Mehl darunterkneten – aber nur kurz kneten, sonst wird der Teig zäh. Aus dem Kartoffelteig kleinfingerlange Würstchen formen, die an den Enden leicht spitz zulaufen. Die fertigen Schupfnudeln in reichlich (Butter-) Schmalz rundherum goldbraun braten.
Aber auch würzige Bratkartoffeln harmonieren gut mit den Sesam-Filets. Würzen Sie sie einmal nicht nur mit Salz und Pfeffer, sondern mit gemahlenem Kreuzkümmel oder Currypulver – so passen sie besonders gut zu den in Sesam gehüllten Filets.

Mal anders

Gebratenes Entenbrustfilet ist das Highlight auf jedem Salat. Köstlich ist ein **Pilzsalat mit Entenbrustfilet**. Dafür etwa 200 g gemischte Pilze vorbereiten und klein schneiden. 2 rote Zwiebeln schälen, fein würfeln und in etwas Öl glasig dünsten, dann die Pilze kurz mit anbraten. Mit Salz, Pfeffer und süßer Sojasauce würzen. 250 g gemischte Blattsalate vorbereiten und mundgerecht zerzupfen, mit einem Dressing aus Salz, Pfeffer, Senf, Sherry- oder Apfelessig und neutralem Öl sowie Nussöl anmachen. Mit den Pilzen anrichten, die Entenbrustfilets in Scheiben schneiden und draufgeben.

Gebratenes Kaninchenfilet mit Birnensalat

Für das Filet
4 Kaninchenrückenfilets (je ca. 100 g)
einige Zweige frischer Thymian
1 TL Wacholderbeeren
frisch gemahlener schwarzer Pfeffer
4 EL Öl
Salz
100 ml Wildfond (aus dem Glas) oder Brühe
25 g kalte Butter
2 EL Birnendicksaft (aus dem Reformhaus)

Für den Salat
Salz | frisch gemahlener schwarzer Pfeffer
2 EL Birnendicksaft (aus dem Reformhaus)
3 EL Rotweinessig
2 EL Gemüsebrühe
4 EL Öl
130 g Feldsalat oder Rucola
4 kleine feste Birnen
2 EL Zitronensaft
30 g Walnusskerne

Für 4 Personen
ca. 20 Min. Zubereitung + 1–2 Std. Marinieren
Pro Portion ca. 575 kcal, 24 g EW, 42 g F, 22 g KH

1 Die Kaninchenfilets kalt abwaschen und trocken tupfen. Den Thymian waschen, trocken schütteln und die Blättchen abzupfen. Die Wacholderbeeren zerdrücken oder hacken, mit Pfeffer, Thymian und dem Öl verrühren. Die Kaninchenfilets damit einreiben und zugedeckt 1–2 Std. kalt stellen.

2 Für den Salat in einer Schüssel Salz, Pfeffer, Birnendicksaft, Rotweinessig und die Brühe verrühren. Das Öl mit einem Schneebesen kräftig unterschlagen.

3 Den Feldsalat oder Rucola gründlich waschen, trocken schütteln und verlesen, Wurzeln und grobe Stiele entfernen. Die Birnen waschen und abreiben, vierteln und von den Kerngehäusen befreien. Die Viertel in Spalten schneiden und sofort mit dem Zitronensaft beträufeln. Salat in dem Dressing wenden, auf Tellern anrichten und die Birnen dazugeben. Pfeffer darübermahlen, die Walnusskerne grob hacken und aufstreuen.

4 Parallel dazu eine breite Pfanne stark erhitzen. Die marinierten Kaninchenfilets in der Pfanne rundherum scharf anbraten, zwischendurch salzen. Dann bei etwas reduzierter Hitze rundherum noch ca. 3 Min. braten.

5 Die Filets aus der Pfanne nehmen. Den Wildfond oder die Brühe in die Pfanne gießen und aufkochen, dann die Butter in kleinen Stücken mit einem Schneebesen unterschlagen. Den Birnendicksaft einrühren und die Sauce abschmecken.

6 Die Kaninchenfilets schräg in 1–2 cm dicke Scheiben schneiden und auf dem Salat anrichten. Die Sauce über die Kaninchenfilets träufeln.

Passende Begleiter

Baguette oder Stangenweißbrot passt bestens, wenn Sie den Salat als Vorspeise servieren. Soll es ein Hauptgericht sein, braten Sie Schupfnudeln dazu (siehe S. 69).

Mal anders

Kaninchen mit Speck-Pfifferlingen: die Filets wie beschrieben braten – aufs Marinieren kann auch verzichtet werden. Fast fertige Filets warm stellen, dann 100 g feine Speckwürfel in der Pfanne ausbraten, 400 g vorbereitete Pfifferlinge dazugeben und mit anbraten. Würzen, nach Belieben 2–3 EL Schmand und etwas Weißwein einrühren.

Hasenfilet mit Birnensalat: Dunkler und würziger im Geschmack ist Hasenfilet. Es wird ebenso zubereitet, ist aber meist etwas größer und muss deshalb 3–4 Min. länger braten.

Kaninchenfilet mit Apfelsalat: Die Birnen lassen sich bestens durch Äpfel ersetzen. Nehmen Sie eine nicht zu säuerliche, aromatische Sorte, z. B. Jonagold. Ob Sie dann Birnen- oder Apfeldicksaft für Dressing und Sauce nehmen, spielt keine große Rolle.

Hirschfilet mit roten Zwiebeln und Cranberrys

8 Hirschmedaillons (je ca. 70 g)
3 EL Öl
frisch gemahlener schwarzer Pfeffer
1/2 TL gemahlener Piment
1/2 TL gemahlener Anis
2 kleine rote Zwiebeln
200 g frische Cranberrys (siehe »Schon gewusst«)
Salz
2 TL Butter
2 EL Zucker
1/8 l Wildfond (aus dem Glas)
1/2 Bund Petersilie
2–3 EL Schmand

Für 4 Personen
ca. 35 Min. Zubereitung + evtl. 1–2 Std. Marinieren
Pro Portion ca. 325 kcal, 31 g EW, 16 g F, 12 g KH

1 Die Hirschmedaillons kalt abbrausen und mit Küchenpapier trocken tupfen. Das Öl mit Pfeffer, Piment und Anis verrühren, das Fleisch damit einreiben und zugedeckt beiseitestellen. Nach Belieben 1–2 Std. marinieren.

2 Die Zwiebeln schälen und ganz fein würfeln. Cranberrys in einem Sieb abbrausen, gut abtropfen lassen.

3 Eine Pfanne mittelstark erhitzen. Hirschmedaillons hineinlegen und von jeder Seite gut 1/2 Min. anbraten, zwischendurch salzen. Die Hitze reduzieren, die Filets insgesamt noch 6–8 Min. braten, zwischendurch wenden. Die Medaillons aus der Pfanne nehmen, zugedeckt warm stellen und nachziehen lassen.

4 Die Butter in der Pfanne zerlassen, die Zwiebeln darin glasig werden lassen. Die Cranberrys einrühren, den Zucker darüberstreuen und leicht karamellisieren lassen. Mit dem Wildfond ablöschen und 3–4 Min. kräftig kochen lassen.

5 Die Petersilie waschen und trocken schütteln, grob hacken und einen Teil unter die Sauce rühren. Die Sauce pikant abschmecken. Die Hirschmedaillons mit der Sauce anrichten, die restliche Petersilie darüberstreuen und je 1 Klecks Schmand auf jeden Teller geben.

Passende Begleiter

Nudeln oder Knödel passen am besten zum Hirschfilet.

Schon gewusst?

Cranberrys sehen aus wie große Preiselbeeren. In Amerika sind die sauren Beeren schon lange beliebt – unverzichtbar sind sie etwa beim Thanksgiving-Mahl. Bei uns sind sie erst im Kommen. Frische Beeren gibt's etwa von September bis Januar, sie lassen sich aber lange im Kühlschrank aufheben und gut einfrieren. TK-Beeren dann nur kurz abspülen und ebenso verwenden wie die frischen. Getrocknete Cranberrys sind leicht gezuckert. Wenn Sie sie für dieses Rezept verwenden, lassen Sie den Zucker weg. Wer keine Cranberrys bekommt, rührt 2 EL eingelegte Preiselbeeren unter die Sauce.

Mal anders

Wild passt exzellent zu Früchten – die Kombination ist nahezu unwiderstehlich. Klassisch ist **Hirsch mit Rotweinbirnen**. Dafür 4 Birnen schälen und halbieren, die Kerngehäuse herausschneiden. Die Hälften in einen schmalen hohen Topf legen, mit trockenem Rotwein bedecken und mit einigen Nelken, Pfefferkörnern und 1/2 Zimtstange würzen. Aufkochen, die Birnen 2–3 Min. sanft kochen, dann im Sud abkühlen lassen.
8 Hirschmedaillons oder 4 Hirschsteaks aus der Keule trocken tupfen und mit Salz, Pfeffer und zerdrückten Wacholderbeeren würzen. In wenig Öl von beiden Seiten anbraten, dann insgesamt noch 6–8 Min. braten. Bei flachen Steaks reichen 5–6 Min. Die Medaillons oder Steaks warm stellen. Etwas Rotwein vom Kochen der Birnen in die Pfanne gießen und den Bratensatz damit lösen. Einkochen lassen, 400 ml Wildfond angießen und bei starker Hitze rasch auf die Hälfte einkochen lassen. Mit Mehlbutter oder etwas dunklem Saucenbinder andicken, mit Sahne verfeinern und mit den Birnenhälften anrichten. Nach Belieben eingelegte Preiselbeeren in die Birnenhälften füllen.

Rehmedaillons mit Pilz-Maronen-Gemüse

1 Bund Petersilie
100 g Schmand
Salz | frisch gemahlener weißer Pfeffer
1 EL Wacholderbeeren
1 TL gemahlener Piment
8–12 Rehmedaillons
(aus dem Rücken; je 60–70 g)
50 g durchwachsener Räucherspeck
300 g gemischte Pilze
(z. B. Egerlinge, Shiitakepilze, Kräuterseitlinge)
200 g Maronen
(geschält; vakuumverpackt)
1 EL Butterschmalz
1 TL Mehl
400 ml Wildfond (aus dem Glas)
1 EL trockener Sherry (nach Belieben)
4 EL eingelegte Preiselbeeren

Für 4 Personen | ca. 40 Min. Zubereitung
Pro Portion ca. 545 kcal, 54 g EW, 26 g F, 28 g KH

1 Die Petersilie waschen, trocken schütteln und fein hacken. Die Hälfte mit dem Schmand verrühren und mit Salz und Pfeffer abschmecken, die andere Hälfte beiseitelegen.

2 Die Wacholderbeeren fein hacken oder im Mörser zerstoßen. Mit Salz, Pfeffer und Piment mischen. Die Rehmedaillons kalt abbrausen und gut trocken tupfen. Rundherum mit der Gewürzmischung einreiben.

3 Den Speck ganz fein würfeln. Die Pilze mit einem feuchten Tuch abreiben, putzen und in nicht zu kleine Stücke schneiden. Die Maronen grob zerschneiden.

4 Das Butterschmalz in einer breiten Pfanne zerlassen, aber nicht zu stark erhitzen. Die Rehmedaillons hineingeben und von jeder Seite 1/2 Min. mittelstark anbraten, dann bei reduzierter Hitze noch insgesamt 4 Min. braten. Aus der Pfanne nehmen und in Alufolie gewickelt warm halten.

5 Sofort die Hitze in der Pfanne stark erhöhen, den Speck und die Pilze hineingeben und unter Rühren kurz anbraten. Mit dem Mehl bestreuen, dann den Wildfond angießen. Die Maronen, die übrige gehackte Petersilie und nach Belieben den Sherry dazugeben. Alles salzen und pfeffern und bei starker Hitze 3–4 Min. einkochen.

6 Die Rehmedaillons mit dem Pilz-Maronen-Gemüse anrichten, den Petersilien-Schmand und die Preiselbeeren dazugeben.

Passende Begleiter

Schnell und gut im Geschmack sind Knödel, die Sie aus gekühltem Knödelteig rasch formen können und in siedendem Wasser garen. Tipp: viele kleine Knödel formen, die sind schneller gar als große. Wer dem Fertigprodukt noch eine besondere Note verleihen möchte, knetet gehackten Kerbel oder gehackte Petersilie unter den Knödelteig. Oder Sie machen Speck-Knödel daraus, indem Sie ganz fein gewürfelten, ausgebratenen Speck unterkneten.

Mal anders

Für **Reh in Pilzrahm** die Rehmedaillons wie beschrieben braten und warm stellen. Gemischte Pilze in der Pfanne anbraten, mit etwas Wildfond ablöschen und 150 g Sahne einrühren. Die Mischung 2–3 Min. bei starker Hitze durchkochen, abschmecken und mit dem Fleisch anrichten.

Schon gewusst?

Rehfleisch ist mager, zart und empfindlich. Braten Sie es nur bei mittlerer Hitze und keinesfalls zu lange, damit es nicht trocken wird. Übrigens: Wer keine Rehmedaillons bekommt, kann für dieses Rezept auch Schweinemedaillons nehmen.

Couscous-Lammfilets mit Kichererbsenragout

100 g Couscous (siehe »Schon gewusst«)
1/8 l Gemüsebrühe
je 1 rote, gelbe und grüne Paprikaschote
4 EL Olivenöl
1 große Dose Kichererbsen (800 g)
2 TL getrockneter Thymian
1 kleine Dose stückige Tomaten (400 g)
Salz | frisch gemahlener schwarzer Pfeffer
1 Bio-Zitrone
2 TL edelsüßes Paprikapulver
4 EL Semmelbrösel
4 EL Mehl
1 Ei
3 EL saure Sahne
8 Lammfilets (ca. 500 g)

Für 4–6 Personen | ca. 40 Min. Zubereitung
Bei 6 Portionen pro Portion
ca. 630 kcal, 44 g EW, 22 g F, 56 g KH

1 Den Couscous in eine Schüssel geben. Die Gemüsebrühe aufkochen und darübergießen. Couscous zugedeckt 5 Min. quellen lassen, anschließend mit einer Gabel auflockern und auf einem Brett ausbreiten.

2 Die Paprikaschoten halbieren, Trennwände und Kerne entfernen, die Hälften waschen und in Rauten schneiden. 1 EL Olivenöl in einem Topf erhitzen und die Paprikaschoten darin leicht andünsten.

3 Die Kichererbsen in ein Sieb abgießen, kalt abbrausen und zu den Paprikaschoten geben. Thymian und Tomaten dazugeben, alles mit Salz und Pfeffer würzen. Einmal aufkochen, dann bei ganz schwacher Hitze und unter gelegentlichem Rühren zugedeckt köcheln lassen, während die Lammfilets zubereitet werden.

4 Die Zitrone heiß waschen und abtrocknen. Die Schale fein abreiben und den Saft auspressen. Die Schale mit Paprikapulver, Semmelbröseln und dem Couscous auf einem Teller mischen. Das Mehl auf einen zweiten Teller geben, mit Salz und Pfeffer würzen. Auf einem dritten Teller das Ei mit der sauren Sahne verquirlen.

5 Die Lammfilets nach Belieben kalt abwaschen, gut trocken tupfen. Erst in Mehl, dann im verquirlten Ei und zuletzt in der Couscous-Mischung wenden. Die Panade gut andrücken.

6 Das restliche Olivenöl in einer breiten Pfanne nicht zu stark erhitzen. Die Lammfilets darin rundherum anbraten, dann bei etwas reduzierter Hitze unter häufigem Wenden noch 6–7 Min. braten. Die Hitze darf nicht zu stark sein, sonst verbrennt die Couscous-Panade. Lammfilets nach Belieben halbieren.

7 Den Zitronensaft zu den Kichererbsen geben, diese abschmecken und mit den Lammfilets anrichten.

Passender Begleiter

Für einen feinen **Spinatsalat** etwa 150 g frischen, zarten Blattspinat verlesen, waschen und gründlich trocken schütteln. Falls nötig, kleiner zupfen. Für das Dressing 200 g griechischen oder türkischen Joghurt (nach Belieben aus Schafsmilch) mit etwas Olivenöl, Salz, Pfeffer, gemahlenem Kreuzkümmel und 1 Prise Kurkuma glatt rühren. Fein gehackte Minze unterrühren und das Dressing herzhaft abschmecken. Über den Spinat träufeln, nach Belieben ganz fein gehackte rote Paprika darüberstreuen.

Schon gewusst?

Kennen Sie Couscous? Aus der nordafrikanischen Küche ist er nicht wegzudenken. Und inzwischen gibt es ihn bei uns in den meisten Supermärkten zu kaufen. Es handelt sich dabei um befeuchteten und dann zu Kügelchen geformtem Grieß. Meist ist es Weizengrieß, manchmal auch Hirse oder Gerste. Couscous wird nicht gekocht, sondern traditionell gedämpft. Hier lässt man ihn lediglich mit heißem Wasser übergossen quellen.

Mal anders

Die schmalen kleinen Lammfilets sind die teuersten und zartesten Teile vom Lamm. Wenn Ihnen das zu kostspielig ist, nehmen Sie Lammlachse, das sind aus dem Rücken geschnittene Stücke. Kaufen Sie 400–500 g Lammlachse und schneiden Sie die Stücke einmal längs in der Mitte durch.

Lammkoteletts mit scharfer Kräuter-Knoblauch-Marinade

2 Chilischoten
4 Knoblauchzehen
6 Zweige Majoran
1/2 Bund Petersilie
1 Zweig Rosmarin
10 Blättchen Salbei
6 EL Olivenöl
frisch gemahlener schwarzer Pfeffer
12 Lammkoteletts (à 60–80 g; siehe »Schon gewusst«)
Salz

Für 4 Personen
ca. 20 Min. Zubereitung + evtl. 1–2 Std. Marinieren
Pro Portion ca. 605 kcal, 47 g EW, 46 g F, 1 g KH

1 Die Chilischoten halbieren, entkernen, waschen und fein hacken. Den Knoblauch schälen und durch die Presse drücken. Die Kräuter waschen, trocken schütteln und bis auf einige Blätter bzw. Zweige zum Garnieren fein hacken. Alles mit Olivenöl und Pfeffer verrühren.

2 Die Lammkoteletts kalt abwaschen und trocken tupfen, in der Marinade wenden und zugedeckt einige Minuten (für mehr Aroma 1–2 Std.) im Kühlschrank ruhen lassen.

3 Eine breite, schwere Pfanne erhitzen. Die Lammkoteletts aus der Marinade nehmen und in der heißen Pfanne von jeder Seite ca. 2–3 Min. braten. Zwischendurch salzen und mit der Marinade bestreichen. Mit den beiseitegelegten Kräutern servieren.

Passende Begleiter

Ganz schnell geht's, wenn Sie Instant-Couscous als Beilage zubereiten. Der wird lediglich mit kochendem Wasser übergossen, muss kurz quellen und nur noch gewürzt werden. Mit klassischem **Couscous-Grieß** und zusätzlich einem saftigen **Gemüseragout** geht es so: 250 g Couscous-Grieß mit 1/4 l lauwarmem Salzwasser verrühren und 15 Min. quellen lassen. 3 EL Öl in einem großen Topf erhitzen, 600 g klein geschnittenes Gemüse (z. B. Zwiebel, Zucchini, Aubergine, Paprika) darin andünsten, nach Belieben auch je 1 kleine Dose Kichererbsen und geschälte Tomaten dazugeben. Mit Salz, Pfeffer, Zitronensaft und gehackter Minze würzen. Couscous-Grieß mit einer Gabel auflockern und in ein großes Metallsieb umfüllen. Das Sieb über das Gemüse in den Topf hängen, diesen mit einem passenden Deckel und zusätzlich einem Küchentuch fest zudecken, damit kein Dampf entweichen kann. Bei mittlerer Hitze 30 Min. garen, zwischendurch den Grieß noch einmal auflockern. Couscous mit dem Gemüse und den Lammkoteletts anrichten.

Mal anders

Lammkoteletts mit Oliven und Zitrone: Für die Marinade einige Oliven fein hacken, mit abgeriebener Bio-Zitronenschale, gehacktem Knoblauch, Pfeffer und Olivenöl mischen. Vor dem Braten die Marinade abstreifen, damit sie nicht verbrennt, später wieder auf das Fleisch geben. Salzen.
Minz-Koteletts: Fein gehackte Minze mit neutralem Öl und Pfeffer zum Marinieren verwenden, nach dem Braten noch Salz und reichlich frisch gehackte Minze darüberstreuen.
Chili-Koteletts: Entkernte, fein gehackte Chilischoten, gehackten Knoblauch und etwas abgeriebene Bio-Limettenschale mit Öl und Pfeffer verrühren, die Lammkoteletts darin wenden.

Schon gewusst?

Lammkoteletts werden in zwei Varianten verkauft: Mal sitzt nur an einer Seite des Knochens Fleisch, mal an beiden. Von den kleinen Koteletts mit nur einem Filetteil brauchen Sie für 4 Personen etwa 12 Stück. Von den sogenannten »doppelten Koteletts« sollten Sie pro Person 1 oder 2 Stück kaufen.

SPIESSE & RÖLLCHEN

Ein bisschen Pep muss sein. Kleine Fleischstücke kommen zu großem Ruhm, wenn sie auf Spieße gereiht oder zu Röllchen gewickelt werden. Dass dabei viele spannende Kombinationen möglich sind, sehen Sie auf den folgenden Seiten.

Bunte Filetspieße mit Gemüse

150 g Rinderfilet
150 g Lammfleisch aus dem Rücken (Lammlachse)
6 EL Öl
Salz | frisch gemahlener schwarzer Pfeffer
gemahlener Koriander
2 kleine Zucchini
100 g Kirschtomaten
100 g mittelgroße braune Champignons
Außerdem
Schaschlikspieße aus Holz oder Metall

Für 4 Personen | ca. 30 Min. Zubereitung
Pro Portion ca. 215 kcal, 17 g EW, 15 g F, 2 g KH

1 Beide Fleischsorten nach Belieben kalt abbrausen, gut trocken tupfen und mundgerecht würfeln. 3 EL Öl mit Salz, Pfeffer und Koriander verrühren und das Fleisch darin wenden.

2 Die Zucchini waschen, putzen und in 1 cm dicke Scheiben schneiden. Die Tomaten waschen, die Champignons putzen und mit einem feuchten Tuch abreiben, große Champignons halbieren.

3 Alle Zutaten abwechselnd auf Schaschlikspieße reihen und rundherum mit Salz und Pfeffer würzen.

4 Das restliche Öl in einer großen Pfanne erhitzen, die Spieße darin rundherum scharf anbraten. Die Hitze reduzieren und die Spieße offen noch ca. 7 Min. braten, dabei ab und zu wenden.

Passende Begleiter

Für **Folienkartoffeln** 4 große Kartoffeln waschen und abbürsten, in Alufolie wickeln und ca. 1 Std. bei 200° in den Backofen legen. Für einen **Kräuterquark** reichlich frische Kräuter (z. B. Petersilie, Basilikum und Schnittlauch) waschen und trocken schütteln, fein hacken und mit 500 g Quark sowie ca. 100 ml Milch verrühren. Mit Salz, Pfeffer und etwas Zitronensaft abschmecken. Kartoffeln und Quark zu den Spießen servieren.

Schon gewusst?

Bei bunten Spießen ist es meist sinnvoll, das Fleisch zuerst zu marinieren. Die Gewürze ziehen gut ein, und durch das Öl in der Marinade trocknet das Fleisch auch an den Stellen, die an Gemüsestücke stoßen, beim Braten nicht aus.
Stecken Sie die einzelnen Zutaten nicht zu eng aneinander auf die Spieße, sonst garen sie ungleichmäßig.

Mal anders

Bei bunten Spießen können Sie die Zutaten immer wieder anders kombinieren. Wichtig ist nur, dass Sie Zutaten wählen, die innerhalb der kurzen Bratzeit und in trockener Hitze problemlos gar werden. Nahezu alle Fleischsorten können Sie verwenden – entweder einzeln oder gemischt.
Neben den hier verwendeten Zucchini, Tomaten und Champignons eignen sich noch andere Gemüsesorten. Spießen Sie beispielsweise Zwiebeln (in Spalten geschnitten), Paprikastücke und Auberginenscheiben mit auf. Festere, trockenere Gemüsesorten müssen zuerst in wenig Salzwasser vorgegart werden. Dann aber können Sie auch Blumenkohl, Brokkoli oder selbst kleine Kartoffeln mit auf die Spieße reihen. Ebenfalls fein: Stücke von frischem, vorgegartem Mais.

Steak-Spieße mit Äpfeln und Rotweinsauce

250 g Rindersteak (z. B. aus der Hüfte)
250 g Schweinesteak
4 EL Olivenöl
Steakpfeffer
1/8 TL gemahlener Koriander
einige Zweige Estragon
75 g durchwachsener Räucherspeck am Stück
Salz
2 kleine rotschalige Äpfel
1 rote Zwiebel
1 EL brauner Zucker
400 ml trockener Rotwein
3 EL kalte Butter
3–4 EL trockener Portwein (nach Belieben)
Außerdem
Schaschlikspieße aus Holz oder Metall

Für 4 Personen
ca. 30 Min. Zubereitung + evtl. 1–2 Std. Marinieren
Pro Portion ca. 585 kcal, 24 g EW, 41 g F, 12 g KH

1 Das Fleisch nach Belieben kalt abbrausen, gut trocken tupfen und mundgerecht würfeln. Das Olivenöl mit Steakpfeffer und Koriander verrühren und das Fleisch darin wenden. Den Estragon kalt waschen und trocken schütteln. Einige Blättchen fein hacken und unter das Fleisch mischen. Nach Belieben 1–2 Std. zugedeckt marinieren.

2 Den Speck von Schwarte und Knorpeln befreien und in dünne Scheiben schneiden. Abwechselnd mit dem marinierten Fleisch auf Spieße reihen. Die Fleischstücke salzen.

3 Eine breite schwere Pfanne erhitzen. Die Spieße hineinlegen und rundherum scharf anbraten. Die Hitze reduzieren und die Spieße offen noch 6–8 Min. braten, dabei ab und zu wenden.

4 Die Äpfel waschen und gut abreiben. Vierteln und entkernen, dann die Viertel in Scheiben schneiden. Die Zwiebel schälen und ganz fein würfeln.

5 Die Spieße aus der Pfanne nehmen und zugedeckt warm stellen. Die Zwiebelwürfel in die Pfanne geben und goldbraun anbraten. Den Zucker darüberstreuen und leicht karamellisieren lassen, dann den Wein angießen und den Bratensatz unter Rühren lösen. Die Sauce bei starker Hitze auf die Hälfte einkochen.

6 Inzwischen in einer kleinen beschichteten Pfanne 1 EL Butter aufschäumen lassen. Die Äpfel darin 2–3 Min. braten, zwischendurch wenden und mit Steakpfeffer würzen. Beiseitestellen.

7 Den Portwein nach Belieben unter die Sauce rühren. Die restliche kalte Butter in kleinen Stücken unterschlagen, damit die Sauce leicht bindet. Abschmecken und mit den Spießen und den Äpfeln anrichten.

Passende Begleiter

Kartoffeln passen gut zu diesen edlen Spießen. Da Fleisch und Sauce kräftig sind, vertragen auch die Knollen reichlich Würze, sodass Bratkartoffeln besser passen als Salzkartoffeln. Bereiten Sie doch eine **Kartoffelpfanne** zu: 750 g Kartoffeln schälen und in 2–3 cm große Würfel schneiden, in einer breiten Pfanne in Olivenöl anbraten. Nach Belieben zusätzlich Zwiebelwürfel oder klein geschnittene Schalotten mit anbraten. Mit Salz und Pfeffer würzen und unter häufigem Wenden bei schwacher bis mittlerer Hitze ca. 30 Min. braten.

Rosmarinspieße mit Lardo-Hähnchen-Würfeln

350 g Hähnchenbrustfilet
frisch gemahlener weißer Pfeffer
1/2 Bund Petersilie
100 g Lardo in hauchdünnen Scheiben (siehe »Schon gewusst«)
150 g sehr kleine, feste braune Champignons
8 lange, stabile Zweige Rosmarin
4 EL Olivenöl
Salz
150 g Kirschtomaten

Für 4 Personen | ca. 40 Min. Zubereitung
Pro Portion ca. 435 kcal, 22 g EW, 38 g F, 1 g KH

1 Das Hähnchenbrustfilet kalt abwaschen und trocken tupfen. In 2–3 cm große Würfel schneiden und leicht pfeffern. Die Petersilie waschen und trocken schütteln, die Blättchen von den Stielen zupfen. Auf jeden Hähnchenwürfel 1 nicht zu zartes Petersilienblatt legen.

2 Die Lardo-Scheiben längs und quer halbieren. Jedes Hähnchenstück mit Lardo umwickeln, dabei die Petersilie mit einwickeln.

3 Die Champignons putzen und mit einem feuchten Tuch abreiben. Große Champignons halbieren. Die Rosmarinzweige waschen und trocken schütteln, von jedem Zweig einen Teil der Nadeln abstreifen. Die umwickelten Hähnchenstücke und die Champignons abwechselnd auf die Rosmarinzweige stecken.

4 Das Olivenöl in einer breiten Pfanne erhitzen und die Spieße darin offen rundherum in ca. 6 Min. goldbraun braten, zwischendurch salzen. Die Spieße aus der Pfanne nehmen und zugedeckt warm stellen.

5 Die Rosmarinnadeln in die Pfanne geben und anbraten. Die Kirschtomaten waschen, halbieren und ebenfalls in die Pfanne geben, salzen und alles kurz schwenken. Die Tomaten mit den Spießen servieren.

Passende Begleiter

Ciabattabrot und herzhaft gewürzter Blattspinat oder in Brühe gedünstete Brokkoliröschen passen wunderbar zu den Spießen. Streuen Sie zuletzt einige geröstete Pinienkerne über das Gemüse.

Schon gewusst?

Lardo ist eine begehrte italienische Spezialität, die auf der Zunge zergeht und mit einem würzigen, walnussartigen Aroma fasziniert. Es handelt sich um feinsten Speck, für dessen Herstellung gewöhnlich nur der feste Teil des Rückenspecks von schweren, fettreichen Landschweinen verwendet wird. Die edelsten Lardo-Vertreter kommen aus dem Aostatal und aus der Toskana. Der Speck sollte nahezu weiß sein und hauchdünn geschnitten werden. Sie bekommen ihn in italienischen Feinkostläden, zum Glück aber inzwischen auch in gut sortierten Supermärkten.

Mal anders

Natürlich können Sie die Hähnchenwürfel auch auf Schaschlikspieße aus Holz oder Metall reihen. Würzen Sie dann etwas stärker mit frischem oder getrocknetem Rosmarin. Alternativ können Sie auch Thymian oder Oregano zum Würzen nehmen.
Sie bekommen keinen Lardo? Umwickeln Sie die Hähnchenwürfel mit dünnen Baconscheiben. Die haben allerdings ein deutlich kräftigeres Speck-Aroma.
Lammfleisch passt ebenfalls bestens zum kräftigen Rosmarinaroma. Bereiten Sie doch mal **Rosmarinspieße mit Lamm** zu: Etwa 350 g Lammfleisch aus dem Rücken (Lammlachse) mundgerecht würfeln, in einer Marinade aus zerdrücktem Knoblauch, wenigen Chiliflocken, Salz, Pfeffer und Olivenöl wenden. Zusammen mit Pilzen auf Spieße reihen und die Spieße in Olivenöl wie links beschrieben braten. Für Überraschung sorgen mit Speck umwickelte Datteln, die Sie mit dem Fleisch aufspießen und braten.

Involtini mit Kräuter-Nuss-Füllung

8 dünne Kalbsschnitzel (je ca. 50 g)
Salz | Zitronenpfeffer
4 dünne Scheiben Pancetta, Schinken oder Bacon
1/2 Bund Petersilie
10 Zweige Thymian
2 Zweige Rosmarin
30 g Walnusskerne
8 getrocknete Tomaten (in Öl)
2 EL frisch geriebener Parmesan
2 EL Olivenöl
200 ml trockener Weißwein (ersatzweise Kalbsfond)
200 ml Kalbsfond oder Brühe
1/2 Bio-Zitrone

Außerdem
Holz- oder Metallspießchen

Für 4 Personen | ca. 35 Min. Zubereitung
Pro Portion ca. 485 kcal, 26 g EW, 37 g F, 3 g KH

1 Die Kalbsschnitzel nach Belieben kalt waschen, trocken tupfen und einzeln zwischen zwei Lagen Frischhaltefolie oder in einem Gefrierbeutel flach klopfen – sie sollen höchstens 1/2 cm dick sein. Mit Salz und Zitronenpfeffer würzen. Pancetta, Schinken oder Bacon halbieren und je 1/2 Scheibe auf jedes Schnitzel legen.

2 Die Kräuter waschen, trocken schütteln und den größten Teil hacken, den Rest zum Garnieren beiseitelegen. Die Walnusskerne ebenfalls hacken. Die Tomaten abtropfen lassen und längs in Streifen schneiden.

3 Gehackte Kräuter, Nüsse und die Tomaten auf die Schnitzelchen legen, den Parmesan aufstreuen. Die Schnitzel aufrollen und mit den Spießchen feststecken.

4 Das Olivenöl in einer beschichteten Pfanne erhitzen. Die Involtini darin rundherum scharf anbraten, dann bei schwacher Hitze offen 6–8 Min. braten, zwischendurch wenden.

5 Die Involtini aus der Pfanne nehmen und zugedeckt warm stellen. Wein und Fond oder Brühe in die Pfanne gießen, den Bratensatz unter Rühren lösen. Die Sauce bei starker Hitze auf gut die Hälfte einkochen lassen. Die Zitrone heiß waschen und abtrocknen, die Schale fein abreiben und den Saft auspressen. Beides in die Pfanne geben und die Sauce bei starker Hitze offen noch etwas einkochen lassen. Abschmecken und mit den Involtini anrichten.

Passende Begleiter

Salat und Nudeln oder **Focaccia**, das saftige Pizzabrot, passen bestens zu den feinen Röllchen. Focaccia gelingt mit gekühltem oder tiefgefrorenem Pizzateig im Nu: 1 Paket (400–500 g) Teig auf einem geölten Backblech zu einem dicken Fladen ausrollen oder auseinanderdrücken. 2 zerdrückte Knoblauchzehen, 2 TL getrockneten Oregano, Salz und Pfeffer darauf verteilen, nach Belieben zusätzlich 200 g klein gewürfelten Mozzarella und einige Tomatenwürfel. Olivenöl darüberträufeln und die Focaccia im heißen Ofen im unteren Drittel bei 225° 15–20 Min. backen.
Wenn Sie den Teig selbst kneten möchten: 1/2 Würfel frische Hefe (ca. 20 g) zerbröckeln und mit 200 ml lauwarmem Wasser sowie 1 Prise Zucker verrühren, mit 2–3 EL Mehl bestreuen und ca. 15 Min. ruhen lassen. Dann gut 400 g Mehl, 4 EL Olivenöl und 1 TL Salz dazugeben und alles ausgiebig zu einem geschmeidigen Teig verkneten. Zugedeckt bei Zimmertemperatur 1 Std. ruhen lassen.

Grissini-Schnitzel-Sticks

1 Romanasalat
500 g Schweinenuss am Stück
Salz | frisch gemahlener schwarzer Pfeffer
edelsüßes Paprikapulver
18 dicke Grissini (s. Einkaufstipp)
18 dünne Scheiben Parmaschinken
2 EL Pflanzenöl

Außerdem
Holz- oder Metallspießchen

Für 4 Personen | ca. 20 Min. Zubereitung
Pro Portion ca. 445 kcal, 50 g EW, 17 g F, 23 g KH

1 Den Romanasalat waschen und putzen, in einzelne Blätter zerlegen. Mit Küchenpapier sehr gut trocken tupfen. Die Blätter längs halbieren, dabei die harten Mittelrippen herausschneiden, damit sich die Blätter gut aufrollen lassen.

2 Das Fleisch nach Belieben kalt abwaschen und trocken tupfen. In ganz dünne Scheiben (ca. 1/2 cm dick) schneiden. Auf einem Brett flach drücken oder mit dem Handballen noch etwas flach klopfen, mit Salz, Pfeffer und Paprikapulver würzen.

3 Die Grissini erst mit den Schinkenscheiben und dann mit den Salatblättern umwickeln. Zuletzt je eine Fleischscheibe so darumwickeln, dass höchstens zwei Lagen Fleisch übereinanderliegen. Die Ränder mit den Spießchen feststecken.

4 Das Öl in einer breiten Pfanne erhitzen, die Spieße darin rundherum bei starker Hitze 1 1/2–2 Min. braten. Sofort servieren, damit die Grissini nicht aufweichen.

Passender Begleiter

Gemischter Salat passt toll zu den ungewöhnlichen Sticks. Wie wäre es mit einem **Kräutersalat**?
Dafür ca. 150 g gemischte Kräuter und/oder Rucola waschen, gut trocken schütteln und verlesen, grobe Stiele entfernen. Eventuell kleiner zupfen, mit 100 g gewaschenen Kirschtomaten auf Teller verteilen.
Für das Dressing 2 sehr frische Eier mit 3 EL Olivenöl, 3 EL Aceto balsamico und 4 EL Wein in einer hitzefesten Schüssel verquirlen. Die Zutaten über dem warmen Wasserbad zu einer cremigen Sauce aufschlagen, dann 75 g frisch geriebenen Parmesan unterrühren und schmelzen lassen. 50 g Frischkäse oder Mascarpone mit einem Schneebesen einrühren, alles mit Salz und Pfeffer abschmecken. Über den Salat träufeln und diesen sofort servieren.

Einkaufstipp

Kaufen Sie möglichst nicht die gewöhnlichen dünnen Grissini im Supermarkt. Für dieses Rezept eignen sich dickere Grissini, die Sie in italienischen Feinkostgeschäften bekommen. Auch sogenannte Bierstangen können Sie verwenden.

Schaschlik à la Surf & Turf

Für das Schaschlik
1 kleine rote Paprikaschote
400 g Rinderfilet
Salz | Steakpfeffer
12 große geschälte Garnelen
2 EL Öl
4 kleine Tomaten (nach Belieben)
Für die Petersiliensauce
2 Zwiebeln
3–4 Knoblauchzehen
2 kleine rote Chilischoten
3 Bund Petersilie
2 Zweige Oregano
100 ml Rotweinessig
6 EL Olivenöl
100 ml Gemüsebrühe
Salz | frisch gemahlener schwarzer Pfeffer
Außerdem
Schaschlikspieße aus Holz oder Metall

Für 4 Personen | ca. 30 Min. Zubereitung
Pro Portion ca. 475 kcal, 44 g EW, 30 g F, 5 g KH

1 Die Paprikaschote halbieren, Trennwände und Kerne entfernen, die Hälften waschen und in 1–2 cm breite Streifen schneiden. Das Rinderfilet trocken tupfen und in mundgerechte Stücke schneiden. Rundherum mit Salz und Steakpfeffer würzen. Die Garnelen kalt abwaschen und trocken tupfen. Alles auf Spieße reihen.

2 Für die Sauce die Zwiebeln und die Knoblauchzehen schälen, die Chilischoten halbieren, entkernen und waschen. Die Petersilie und den Oregano waschen und trocken schütteln, die Blättchen abzupfen. Alles im Blitzhacker sehr fein hacken.

3 Die gehackten Zutaten mit Rotweinessig, Olivenöl und der Gemüsebrühe verrühren, mit Salz und Pfeffer herzhaft abschmecken und beiseitestellen.

4 Parallel dazu das Öl in einer breiten schweren Pfanne erhitzen. Die Spieße hineinlegen und rundherum kurz und scharf anbraten. Die Hitze reduzieren, die Spieße offen noch 1–2 Min. braten, zwischendurch immer wieder umdrehen.

5 Nach Belieben die Tomaten waschen und halbieren, kurz mit in die Pfanne legen und erwärmen, mit Salz und Pfeffer würzen. Die Spieße mit den Tomatenhälften und der Petersiliensauce anrichten.

Passende Begleiter

Kartoffeln passen zu den Spießen und der Petersiliensauce am allerbesten. Neben Folienkartoffeln, die in Folie gewickelt für etwa 1 Std. bei 200° im Backofen garen, sind würzige **Kartoffelspalten** eine wunderbare Beilage: Dafür 750 g gleich große Kartoffeln gründlich waschen und trocken reiben, nach Belieben können Sie sie auch schälen. Je nach Größe vierteln oder achteln. In einer Schüssel mit Öl beträufeln und in dem Öl wenden, bis alle Stücke gut mit einem dünnen Ölfilm überzogen sind. Nach Belieben mit Paprikapulver oder Cayennepfeffer bestreuen – das sorgt für mehr oder weniger Schärfe. Die Kartoffeln dann auf einem Backblech verteilen und im heißen Ofen bei 200° 45–50 Min. braten, bis sie knusprig sind. Zwischendurch öfters wenden und zuletzt mit Salz bestreuen.

Schon gewusst?

Surf & Turf ist eine amerikanische Steakhaus-Spezialität, bei der Steaks mit Garnelen oder Hummerschwänzen kombiniert werden. Klingt ungewöhnlich, ist aber tatsächlich ungewöhnlich lecker. Im Original kommen die Zutaten separat zubereitet auf den Teller – hier sind sie auf Spießen raffiniert verbunden.

Einkaufstipp

Möglichst erstklassiges Rinderfilet nehmen, damit es schnell gart. Bei zu langer Garzeit werden die Garnelen trocken.

Kalbsfiletröllchen mit Lachs und Zucchini

Für die Röllchen
1 Zucchino (ca. 250 g)
Salz
300 g Kalbsfilet am Stück
1 EL Tomatenmark
2 EL Crème fraîche
frisch gemahlener weißer Pfeffer
75 g Graved Lachs in dünnen Scheiben
2 EL Butterschmalz
Für die Sauce
75 g Schalotten
1 EL Anisschnaps (nach Belieben)
200 ml Kalbsfond (aus dem Glas)
3 EL Crème fraîche
1 Bund Dill
Salz | frisch gemahlener weißer Pfeffer
Außerdem
Holz- oder Metallspießchen

Für 4 Personen | ca. 40 Min. Zubereitung
Pro Portion ca. 260 kcal, 21 g EW, 17 g F, 5 g KH

1 Den Zucchino waschen und putzen, längs in möglichst dünne Scheiben schneiden. In einer breiten, hohen Pfanne reichlich Wasser aufkochen und salzen, die Zucchinischeiben hineinlegen und ca. 1 Min. vorgaren. Herausheben, auf Küchenpapier ausbreiten und gut abtropfen lassen.

2 Das Kalbsfilet nach Belieben kalt abbrausen. Gut trocken tupfen und in 4 Scheiben schneiden. Die Scheiben in einem Gefrierbeutel oder zwischen zwei Lagen Frischhaltefolie dünn klopfen – sie sollen nur knapp 1/2 cm dick sein. Leicht schräg halbieren.

3 Das Tomatenmark mit Crème fraîche, Pfeffer und etwas Salz verrühren, die Fleischscheiben dünn damit bestreichen. Jeweils eine ganze oder eine halbierte Zucchinischeibe darauflegen.

4 Den Lachs in Streifen schneiden und auf die Zucchini legen. Jede Fleischscheibe mit Zucchini und Lachs darin aufrollen – die Rollen sollen nicht zu dick werden. Mit den Spießchen verschließen.

5 Das Butterschmalz in einer Pfanne erhitzen. Die Röllchen darin bei starker Hitze rundherum 1–2 Min. anbraten. Dann die Hitze reduzieren und die Röllchen offen weitere 6 Min. garen, zwischendurch mehrmals wenden.

6 Parallel dazu für die Sauce die Schalotten schälen und ganz fein würfeln. Wenn die Röllchen fertig sind, diese aus der Pfanne nehmen und zugedeckt warm stellen. Die Schalotten in die Pfanne geben und leicht anbraten. Den Anisschnaps nach Belieben und den Kalbsfond angießen, die Crème fraîche einrühren. Die Sauce bei starker Hitze unter gelegentlichem Rühren cremig einkochen.

7 Den Dill waschen, trocken schütteln und hacken. Unter die Sauce rühren und diese mit Salz und Pfeffer abschmecken. Zu den Röllchen servieren.

Passende Begleiter

Grüne Bandnudeln passen zu diesen feinen Röllchen besonders gut. Wenn Sie noch einige Minuten Zeit haben, können Sie **Zucchininudeln** zubereiten. Dafür 2 vorbereitete Zucchini längs erst in dünne Scheiben, dann in 1–2 cm breite, lange Streifen schneiden und 1–2 Min. zu den Nudeln in das Kochwasser geben. Auch die Reste des für die Röllchen benötigten Zucchinos können so verarbeitet werden.

Mal anders

Ihnen ist das Schneiden und Vorbereiten der Zucchini für die Füllung zu aufwendig? Dann reichen Sie gedünstete oder gebratene Zucchinischeiben als Beilage. Statt Lachs in die Füllung zu geben, können Sie in jedes Röllchen eine geschälte Riesengarnele geben.

Bunte Paprika-Schweinefleisch-Rouladen

je 1 grüne, gelbe und rote Paprikaschote
1 Zweig Rosmarin
einige Zweige Oregano
4 EL Olivenöl
Salz | frisch gemahlener schwarzer Pfeffer
edelsüßes Paprikapulver
4 kleine dünne Schweineschnitzel
4 EL Ajvar (Paprikapaste; aus dem Glas)
4 dünne Scheiben roher oder gekochter Schinken
je 75 g schwarze und grüne entsteinte Oliven
1/8 l Fleischbrühe
Außerdem
Holz- oder Metallspießchen

Für 4 Personen | ca. 40 Min. Zubereitung
Pro Portion ca. 320 kcal, 32 g EW, 19 g F, 5 g KH

1 Die Paprikaschoten halbieren, Trennwände und Kerne entfernen, die Hälften waschen und gut trocken tupfen, dann längs in schmale Streifen schneiden. Den Rosmarin und den Oregano waschen und trocken schütteln. Nadeln und Blättchen von den Stielen zupfen und hacken.

2 2 EL Olivenöl in einer Pfanne nicht zu stark erhitzen. Die Paprikastreifen darin leicht anbraten. Mit den Kräutern, Salz, Pfeffer und Paprikapulver würzen und bei schwacher Hitze etwa 5 Min. garen. Aus der Pfanne nehmen und etwas abkühlen lassen.

3 Inzwischen die Schweineschnitzel nach Belieben kalt abbrausen und gut trocken tupfen. Einzeln zwischen zwei Lagen Frischhaltefolie oder in einem Gefrierbeutel flach klopfen – sie sollen knapp 1/2 cm dick sein. Schräg halbieren, sodass 8 kleine Schnitzel entstehen.

4 Die Schnitzel mit Ajvar bestreichen. Den Schinken halbieren und je 1/2 Scheibe auf jedes Schnitzel legen. Die Paprikastreifen quer darauflegen und so im Fleisch einwickeln, dass sie an den Seiten hervorstehen. Die Röllchen mit Spießchen verschließen.

5 Das restliche Öl in der Pfanne erhitzen und die Rouladen darin rundherum scharf anbraten. Dabei auch außen mit Salz, Pfeffer und Paprikapulver würzen. Die Hitze reduzieren und die Rouladen offen ca. 10 Min. garen, zwischendurch häufig umdrehen.

6 Die Oliven halbieren oder vierteln. Die Rouladen aus der Pfanne nehmen und zugedeckt warm stellen. Die Oliven in die Pfanne geben und die Fleischbrühe angießen. Den Bratensatz unter Rühren loskochen. Die Olivensauce zu den Rouladen servieren.

Passende Begleiter

Herzhaftes Brot passt zu den Rouladen ebenso wie Polenta. Kaufen Sie eine Instant-Variante, dann müssen Sie den Grieß nur mit heißem Wasser übergießen und kurz quellen lassen – schon ist die Beilage fertig.
Gut passt außerdem ein mediterranes **Zucchini-Auberginen-Gemüse**. Dafür 2–3 Zucchini und 1 Aubergine in kleine Stücke schneiden und mit einigen Zwiebelwürfeln in Olivenöl anbraten, ohne dass das Gemüse braun wird. 1 große Dose geschälte Tomaten mit Saft einrühren, die Tomaten zerdrücken. Mit Salz, Pfeffer und frischen Kräutern wie Thymian, Oregano oder Majoran würzen und offen etwa 20 Min. sanft köcheln lassen.

Mal anders

Wenn Ihnen Ajvar, die würzige Paprikapaste, nicht schmeckt, bestreichen Sie das Fleisch mit Olivenpaste, die schmeckt wunderbar, und Oliven kommen ja auch später an die Sauce. Auch rotes Pesto eignet sich – bei dieser Variante können Sie noch einige halbierte Kirschtomaten ganz zum Schluss unter die Sauce mischen.

Speck-Puten-Röllchen mit Auberginen

1 kleine Aubergine
Salz
8 kleine Putenmedaillons (je ca. 50 g)
100 g Bacon (Frühstücksspeck in dünnen Scheiben)
4 EL schwarze Olivenpaste
Cayennepfeffer
6–8 Zweige Majoran
2 Zweige Rosmarin
3 EL Olivenöl
100 ml Hühnerbrühe
50 g getrocknete Tomaten (in Öl)
50 g schwarze entsteinte Oliven
Außerdem
Holz- oder Metallspießchen

Für 4 Personen | ca. 40 Min. Zubereitung
Pro Portion ca. 485 kcal, 28 g EW, 40 g F, 3 g KH

1 Die Aubergine waschen und putzen, längs in möglichst dünne Scheiben schneiden. In einem Topf Wasser aufkochen und salzen, die Auberginenscheiben darin ca. 1 Min. vorgaren. Herausheben und auf Küchenpapier gut abtropfen lassen.

2 Die Putenmedaillons kalt abbrausen und mit Küchenpapier trocken tupfen. Einzeln zwischen zwei Lagen Frischhaltefolie oder in einem Gefrierbeutel gleichmäßig flach klopfen – sie sollen knapp 1/2 cm dick sein.

3 Je 2 Scheiben Bacon so nebeneinanderlegen, dass sie sich an den Längsseiten leicht überlappen. Je 1 flach geklopftes Putenmedaillon darauflegen. Mit der Olivenpaste bestreichen und mit etwas Cayennepfeffer würzen.

4 Die Kräuter waschen und trocken schütteln, Blättchen und Nadeln abstreifen und etwas kleiner hacken. Einen Teil davon auf die Fleischscheiben streuen. Die restlichen Kräuter beiseitelegen.

5 Die Fleischscheiben so aufrollen, dass der Bacon außen ist. Die Röllchen mit Spießchen zustecken.

6 Das Olivenöl in einer Pfanne erhitzen und die Röllchen darin rundherum ca. 2 Min. bei starker Hitze goldbraun anbraten. Dann die Hitze reduzieren und die Röllchen offen weitere 12 Min. braten, zwischendurch mehrmals wenden.

7 Die Röllchen aus der Pfanne nehmen und zugedeckt warm stellen. Die Hühnerbrühe in die Pfanne gießen und aufkochen. Die Tomaten abtropfen lassen und in Streifen schneiden, die Oliven halbieren. Beides in die Pfanne geben und erwärmen. Kurz durchkochen, dann die beiseitegelegten Kräuter dazugeben und die Röllchen wieder einlegen. Die Sauce mit Salz und Cayennepfeffer abschmecken, dann alles anrichten.

Passende Begleiter

Bratkartoffeln oder Pommes frites runden das Gericht bestens ab. Etwas Besonderes sind **Patatas bravas**, eine spanische Kartoffelspezialität: dafür 750 g festkochende Kartoffeln waschen und gründlich abbürsten. Ungeschält in einen Topf mit wenig kochendem Salzwasser geben und zugedeckt in ca. 15 Min. knapp garen. Etwas abkühlen lassen, dann pellen, in 2–3 cm große Würfel schneiden, portionsweise in heißem Olivenöl rundherum goldbraun und knusprig ausbacken, mit Salz, Pfeffer und Paprikapulver oder Cayennepfeffer würzen.
Typischerweise gehört **Aioli** dazu: dafür in einem hohen Gefäß 2 sehr frische Eigelbe mit etwas Salz, Pfeffer und1 EL Zitronensaft verquirlen. Ca. 200 ml Olivenöl zuerst tropfenweise, dann in einem dünnen Strahl unterschlagen, bis eine dicke Mayonnaise entstanden ist. 4–5 frische Knoblauchzehen schälen und im Mörser mit etwas Salz bestreut zerdrücken, unter die Mayonnaise rühren. Mit Salz und Pfeffer kräftig abschmecken. Möglichst eine Weile durchziehen lassen – der Knoblauch entfaltet sein Aroma erst nach und nach.

Mal anders

Bestreichen Sie die Medaillons statt mit Olivenpaste mal mit rotem oder grünem Pesto. Die Oliven können Sie dann ebenfalls weglassen.

Indonesische Saté-Spieße mit scharfem Honig-Dip

Für die Spieße
1 Knoblauchzehe
5 EL Öl
frisch gemahlener schwarzer Pfeffer
5 EL Ketjap manis (oder eine andere süße Sojasauce)
600 g Hähnchenbrustfilet
Für den Dip
2 kleine frische Chilischoten
1 Zwiebel
1 Knoblauchzehe
1 EL Öl
1/8 l Hühnerbrühe
2 TL Speisestärke
4 EL Sojasauce
3 EL Honig
Außerdem
ca. 12 Schaschlikspieße aus Holz oder Metall
Koriandergrün zum Bestreuen (nach Belieben)

Für 4 Personen
ca. 30 Min. Zubereitung + evtl. 2–3 Std. Marinieren
Pro Portion ca. 390 kcal, 36 g EW, 18 g F, 20 g KH

1 Die Knoblauchzehe schälen und sehr fein hacken. Mit Öl, Pfeffer und Ketjap manis verrühren. Das Hähnchenbrustfilet kalt abwaschen, trocken tupfen und in dünne, schmale Scheibchen schneiden. In der Marinade wenden, nach Belieben einige Minuten oder mehrere Stunden zugedeckt kalt stellen.

2 Für den Dip die Chilischoten halbieren, entkernen, waschen und klein hacken. Zwiebel und Knoblauch schälen und fein würfeln. Das Öl in einem kleinen Topf erhitzen, die Zwiebel und den Knoblauch darin leicht anbraten. Chilis dazugeben und das Ganze mit der Hühnerbrühe ablöschen. Aufkochen lassen.

3 In einer Tasse die Speisestärke mit der Sojasauce glatt rühren. Zur Sauce gießen, dann den Honig einrühren und die Sauce ca. 5 Min. bei schwacher Hitze köcheln lassen.

4 Das Hähnchenfleisch wellenförmig auf die Spieße stecken, dabei die Spieße nur bis zur Hälfte bzw. maximal bis zu zwei Dritteln füllen. Eine große Pfanne erhitzen, die Spieße darin bei mittlerer Hitze rundherum offen 2–3 Min. braten. Die Spieße mit dem Honig-Dip servieren. Nach Belieben mit frisch gehacktem Koriandergrün bestreuen.

Passender Begleiter

Für **gelbe Linsen mit Mango** 1/2 l Hühnerbrühe aufkochen, 250 g gelbe Linsen (Mung Dal; gibt's im Asienladen) einrühren. Mit 2 TL Garam masala würzen und zugedeckt bei schwacher Hitze unter gelegentlichem Rühren 10–15 Min. garen. 1 große Mango schälen, das Fruchtfleisch vom Stein abschneiden und klein würfeln, unter die Linsen mischen und kurz mit erhitzen. Mit Salz und nach Belieben mit Sojasauce abschmecken. Mit gehacktem Koriandergrün bestreuen.

Der Klassiker

An jeder Straßenecke werden die Hähnchenspieße in ihrer Heimat Indonesien verkauft. Meist gibt es dazu eine dicke **Erdnusssauce**. Wer diese probieren will: 2 kleine rote Chilischoten, 2 kleine Knoblauchzehen und 2 Schalotten waschen und putzen bzw. schälen, mit 60 g gerösteten Erdnusskernen, 2 EL süßer Sojasauce und 75–100 ml Gemüsebrühe pürieren. Mit gehacktem Koriandergrün bestreuen.

Knusprige Chicken Wings am Spieß

8 Hähnchenflügel (ca. 650 g)
1 frische rote Chilischote
2 Knoblauchzehen
4 EL Olivenöl
frisch gemahlener schwarzer Pfeffer
edelsüßes Paprikapulver
2 Maiskolben
Salz
1 Bio-Zitrone
1/2 Bund Petersilie
einige Stängel Koriandergrün
1/2 Bund Schnittlauch
Außerdem
8 Schaschlikspieße aus Holz oder Metall
Zitronenspalten zum Garnieren (nach Belieben)

Für 4 Personen
ca. 1 Std. Zubereitung + evtl. 1–2 Std. Marinieren
Pro Portion ca. 395 kcal, 25 g EW, 21 g F, 26 g KH

1 Die Hähnchenflügel kalt abwaschen und trocken tupfen. Jeden Flügel am Gelenk teilen – dafür die beiden Flügelhälften auseinanderdrücken und eventuell noch zusammenhängende Haut mit einem scharfen Messer durchschneiden.

2 Die Chilischote halbieren, entkernen, waschen und fein hacken. Den Knoblauch schälen und ebenfalls fein hacken. Beides in einer großen Schüssel mit dem Olivenöl, Pfeffer und Paprikapulver verrühren. Die Hähnchenteile darin wenden, nach Belieben gleich zubereiten oder 1–2 Std. zugedeckt im Kühlschrank marinieren.

3 Die Maiskolben waschen und putzen. In reichlich leicht gesalzenem Wasser ca. 10 Min. vorgaren. Abtropfen lassen und in ca. 4 cm dicke Scheiben schneiden, die Scheiben evtl. halbieren.

4 Die Flügelteile aus der Marinade nehmen und salzen. Jeweils 2 Flügelteile und einige Maisstücke locker auf Spieße reihen. Eine breite Pfanne (oder zwei Pfannen) erhitzen, die Spieße hineinlegen und rundherum scharf anbraten.

5 Die Hitze reduzieren und die Spieße offen knapp 15 Min. garen, zwischendurch mehrmals wenden.

6 Inzwischen die Zitrone heiß waschen und abtrocknen. Die Schale fein abreiben und den Saft auspressen. Die Kräuter waschen und trocken schütteln. Petersilie und Koriandergrün fein hacken, den Schnittlauch in Röllchen schneiden. Alle Kräuter mit der Zitronenschale mischen.

7 Den Zitronensaft über die Spieße träufeln, die Kräutermischung über die Spieße streuen. Nach Belieben die Zitronenspalten dazulegen.

Passende Begleiter

Gebackene Kartoffelspalten (siehe S. 94) passen ebenso wie Pommes frites. Ein Tomaten-Dip rundet den Genuss ab. Fertig im Glas gibt es diverse Sorten – vermutlich haben Sie längst einen Favoriten. Oder Sie bereiten eine kalte **Tomaten-Salsa** zu: 750 g aromatische Tomaten häuten, entkernen und würfeln. 2 rote Zwiebeln und 2–3 Knoblauchzehen schälen und ganz fein hacken, mit den Tomaten mischen und mit Salz, Pfeffer und gehacktem Koriandergrün abschmecken. Nach Belieben mit fein gehackter Chilischote oder getrockneten Chiliflocken würzen. Am besten schmeckt die Salsa, wenn sie eine Weile durchziehen kann.

Mal anders

Sie planen eine Party? Nehmen Sie Hähnchen-Unterschenkel, und bereiten Sie sie mit der beschriebenen Marinade zu. Allerdings brauchen die Unterschenkel 20–25 Min., bis sie durchgegart sind. Sie sind ein toller Snack auf einem Büfett – auch auf einem kalten! Zerbröckelter Schafskäse unter die Kräutermischung gemengt sorgt für feine Abwechslung und noch mehr Geschmack. Und statt der Maiskolben können Sie auch Paprikastücke mit auf die Spieße reihen. Am besten verschiedene Farben – das Auge isst ja bekanntlich mit.

KLEINGESCHNITTENES AUS PFANNE & WOK

Hier kommen die ganz Flinken! Schwein oder Pute, Reh oder Gans – Fleisch nach Gusto, kleingeschnitten, blitzschnell durch Pfanne oder Wok gewirbelt, ergänzt durch Frisches, Würziges, Klassisches, Neues. Bitte Platz nehmen und genießen.

Kalbsgeschnetzeltes mit bunten Zucchini

1 große Zwiebel
600 g gelbe und grüne Zucchini
1 Handvoll Kerbel (ersatzweise Petersilie)
500 g Kalbfleisch (z. B. aus der Nuss oder Oberschale)
100 g geräucherter gekochter Speck
2 EL Öl
Salz | frisch gemahlener weißer Pfeffer
200 ml trockener Weißwein (ersatzweise Fleischbrühe)
150 g Crème fraîche

Für 4 Personen | ca. 25 Min. Zubereitung
Pro Portion ca. 530 kcal, 31 g EW, 40 g F, 6 g KH

1 Die Zwiebel schälen und klein würfeln. Die Zucchini waschen, putzen und in Scheiben, dann in Stifte schneiden. Den Kerbel abbrausen, trocken tupfen und hacken. Das Kalbfleisch gut trocken tupfen und quer zur Faser in schmale Streifen schneiden. Den Speck von Schwarte und Knorpeln befreien und klein würfeln.

2 Das Öl in einer Pfanne oder im Wok erhitzen. Das Fleisch darin 1–2 Min. rundherum scharf anbraten. Dabei das Fleisch nicht zu früh wenden und verrühren, damit es gut anbrät. Eventuell das Fleisch portionsweise anbraten. Fertig angebratenes Fleisch mit Salz und Pfeffer würzen, mit einem Schaumlöffel aus der Pfanne nehmen und zugedeckt beiseitestellen.

3 Den Speck und die Zwiebelwürfel in die Pfanne geben und leicht anbraten. Zucchinistifte dazugeben und unter häufigem Rühren ebenfalls anbraten.

4 Den Wein angießen, die Crème fraîche einrühren. Alles bei starker Hitze ca. 3 Min. kochen lassen. Zuletzt das Fleisch wieder in die Pfanne geben, alles vermischen und abschmecken. Mit Kerbel bestreuen und sofort servieren.

Passender Begleiter

In der Schweiz ist es die klassische Beilage zum Geschnetzelten – Rösti, die alpenländisch-dicke Version unserer Kartoffelpuffer. Für 4 Portionen 750 g gleich große festkochende Kartoffeln waschen und mit Schale in einem Topf mit kaltem Wasser bedecken. Wasser aufkochen, salzen und die Knollen gar kochen. Abgießen und auskühlen lassen, pellen und auf einer groben Reibe raspeln. Salzen und pfeffern.
75 g kleine Speckwürfel in reichlich Butterschmalz in einer schweren Pfanne anbraten, die Kartoffeln darüber verteilen und mit einem Pfannenwender zu einem dicken Fladen formen. Bei schwacher bis mittlerer Hitze ca. 10 Min. braten, bis der Fladen auf der Unterseite goldbraun ist. Dann vorsichtig vom Pfannenrand und -boden lösen, auf einen großen Teller gleiten lassen und umgedreht wieder in die Pfanne geben, auch auf der anderen Seite goldbraun braten.

Der Klassiker

Für Zürcher Geschnetzeltes 600–700 g Kalbfleisch (Nuss oder Oberschale) fein schnetzeln, gut trocken tupfen und ganz fein mit Mehl bestreuen. Portionsweise in etwas heißem Butterschmalz rundherum scharf anbraten, dabei salzen und pfeffern. Angebratenes mit einem Schaumlöffel herausnehmen, zugedeckt beiseitestellen. Anschließend etwas Butter in der Pfanne erhitzen, 50 g klein gehackte Schalotten darin hell anbraten. 250 g in Scheiben geschnittene Champignons (möglichst kleine, feste Exemplare) mit anbraten, bis die Feuchtigkeit fast völlig verdampft ist. 1/8 l trockenen Weißwein (z. B. Schweizer Fendant) angießen und etwas einkochen lassen. 200 g Sahne einrühren und alles noch einige Minuten leicht cremig einkochen lassen. Zuletzt das Geschnetzelte in der Sauce kurz erhitzen und fein-würzig abschmecken.

Mal anders

Für Boeuf Stroganoff 500–600 g geschnetzeltes Rinderfilet portionsweise in wenig Öl scharf anbraten, aus der Pfanne nehmen. Feine Würfel von 2 weißen Zwiebeln und 200 g braune Champignons in Scheiben anbraten, 2 EL Mehl darüberstreuen und anschwitzen. Mit 1/4 l Fleischfond ablöschen und stark einkochen lassen. 200 g Crème fraîche und 4 fein gewürfelte Gewürzgurken einrühren, dann das Fleisch dazugeben. Mit Salz, Pfeffer, etwas Senf und gehackter Petersilie abschmecken.

Grüne Kalbfleisch-Spargel-Pfanne

600 g grüner Spargel
1/2 Bio-Zitrone
1–2 Handvoll Kerbel
1–2 Handvoll glatte Petersilie
500 g Kalbfleisch zum Kurzbraten (z. B. aus der Nuss)
3 EL Butter
Salz | frisch gemahlener weißer Pfeffer
1 TL Mehl
1/8 l Fleischbrühe
2 EL Doppelrahmfrischkäse

Für 4 Personen | ca. 30 Min. Zubereitung
Pro Portion ca. 230 kcal, 29 g EW, 11 g F, 3 g KH

1 Den Spargel waschen und im unteren Drittel schälen, dann in mundgerechte Stücke schneiden. Die Zitrone heiß waschen und abtrocknen, den Saft auspressen und die Schale fein abreiben. Die Kräuter waschen und trocken schütteln, einige zum Garnieren beiseitelegen, die übrigen hacken. Das Fleisch nach Belieben waschen, mit Küchenpapier trocken tupfen und quer zur Faser gleichmäßig schnetzeln.

2 Etwa 1 EL Butter in einer breiten Pfanne oder im Wok aufschäumen. Das Fleisch portionsweise hineingeben und rundherum in ca. 2 Min. golden anbraten, aber nicht zu braun werden lassen. Mit Salz, Pfeffer und abgeriebener Zitronenschale würzen. Das Fleisch mit einem Schaumlöffel aus der Pfanne oder dem Wok nehmen und zugedeckt beiseitestellen.

3 Die restliche Butter in der Pfanne oder im Wok aufschäumen. Den Spargel hineingeben und unter Rühren bei mittlerer Hitze 3–4 Min. braten.

4 Das Fleisch wieder in die Pfanne oder den Wok geben. Das Mehl darüberstäuben und kurz mit anschwitzen, dann den Zitronensaft darüberträufeln und die Brühe angießen. Den Frischkäse ebenfalls einrühren. Die gehackten Kräuter in die Pfanne geben. Alles vermischen und noch 1–2 Min. köcheln lassen. Mit den übrigen Kräutern garnieren und servieren.

Passender Begleiter

Servieren Sie Gnocchi dazu. Wenn es schnell gehen soll, verwenden Sie welche aus dem Kühlregal, die nach nur wenigen Minuten auf dem Tisch stehen. Wenn Sie Zeit haben und Wert auf Selbstgemachtes legen – Gnocchi gelingen so: 500 g mehligkochende Kartoffeln schälen und in Salzwasser in etwa 20 Min. gar kochen. Abgießen und etwas ausdampfen lassen, dann noch heiß durch eine Kartoffelpresse drücken. Mit Salz und Pfeffer würzen, nach Belieben auch mit etwas Muskatnuss oder Kardamom.
Nach und nach 100–125 g Mehl unter die Kartoffelmasse kneten, bis der Teig nicht mehr klebrig ist.
Mit bemehlten Händen etwa fingerdicke Rollen formen. Die Rollen in 2–3 cm lange Stücke schneiden, jedes Stück mit einer Gabel leicht eindrücken, damit das typische Gnocchi-Muster entsteht. Die Gnocchi in reichlich kochendes Salzwasser geben und offen bei schwacher Hitze ca. 5 Min. gar ziehen lassen. Abtropfen lassen, nach Belieben in etwas brauner Butter schwenken.

Schon gewusst?

Für das Kurzbraten in der Pfanne eignet sich grüner Spargel besser als weißer. Die weißen Stangen sind meist dicker und haben eine längere Garzeit. Sie lassen sich deshalb nicht so gut roh braten. Wenn Sie nur weißen Spargel bekommen: möglichst dünne Stangen kaufen, schälen und klein schneiden, in Salzwasser 3–4 Min. vorgaren. Gut abtropfen lassen und erst dann in die heiße Butter geben.

Kürbis-Schnitzel-Ragout mit Curry und Sahne

1 kleiner Hokkaidokürbis (ca. 750 g)
1 dicke Stange Lauch
500 g Schweineschnitzel (z. B. aus der Nuss)
3 EL Öl
Salz | frisch gemahlener schwarzer Pfeffer
2 TL scharfes Currypulver
150 ml Fleischbrühe
100 g Sahne
30 g Kürbiskerne
2 EL Kürbiskernöl

Für 4 Personen | ca. 35 Min. Zubereitung
Pro Portion ca. 435 kcal, 33 g EW, 29 g F, 10 g KH

1 Den Hokkaidokürbis waschen und abtrocknen. In Spalten schneiden oder achteln und von Kernen, Fasern und dem Stielansatz befreien, nach Belieben auch schälen (siehe »Schon gewusst«). Das Kürbisfleisch in 2–3 cm große Würfel schneiden.

2 Die Lauchstange putzen, längs aufschlitzen und gründlich waschen. Trocken tupfen und in Ringe schneiden. Das Schnitzelfleisch nach Belieben kalt abbrausen und trocken tupfen, dann wie den Kürbis in 2–3 cm große Würfel schneiden.

3 1 EL Öl in einer breiten Pfanne oder im Wok stark erhitzen. Die Hälfte vom Schnitzelfleisch nebeneinander hineingeben und rundherum 1/2–1 Min. scharf anbraten. Dabei das Fleisch nicht rühren, sondern mit einem Pfannenwender umdrehen, damit es wirklich gut angebraten wird. Zwischendurch das Fleisch salzen und pfeffern. Das angebratene Fleisch aus der Pfanne oder dem Wok nehmen und zur Seite stellen. Noch einmal 1 EL Öl erhitzen und das übrige Fleisch ebenso anbraten, würzen und beiseitestellen.

4 Anschließend das übrige Öl in der Pfanne oder im Wok nicht so stark erhitzen, Kürbis und Lauch darin leicht anbraten. Das Currypulver darüberstreuen und andünsten, mit der Fleischbrühe ablöschen und das Gemüse zugedeckt bei mittlerer Hitze ca. 5 Min. garen.

5 Die Sahne zum Gemüse geben, dann das Fleisch wieder in die Pfanne geben. Alles noch ca. 3 Min. unter gelegentlichem Rühren kochen lassen. Die Kürbiskerne grob hacken und mit dem Kürbiskernöl mischen. Das Ragout herzhaft abschmecken und die Kürbiskernmischung darübergeben.

Passender Begleiter

Zu dem Ragout passt Langkornreis sehr gut. Aber auch Brot, mit dem sich die Sauce auftunken lässt, ist ein guter und zudem schneller Begleiter.

Schon gewusst?

Kürbis gibt es in vielen Sorten. Konnten wir früher nur den riesigen Gartenkürbis und dessen nahe Verwandte kaufen, und das auch nur im Herbst, hat in den letzten Jahren eine andere Sorte die Regale im Supermarkt erobert: der Hokkaidokürbis. Man bekommt ihn fast das ganze Jahr hindurch. Ein weiterer Vorteil: Beim Hokkaido kann man die Schale mitessen, es müssen also lediglich Fasern und Kerne entfernt werden. Wenn die Schale unansehnlich ist, lässt sie sich mithilfe eines Sparschälers ganz einfach dünn abschälen.

Mal anders

Sie sind Asien-Fan? Dann nehmen Sie mehr Currypulver oder eine der aromatischen Currypasten – und gießen statt der Sahne Kokosmilch aus der Dose an. Etwas gehacktes Koriandergrün und einige gehackte geröstete Cashewnüsse verstärken das Asien-Feeling.

Putengeschnetzeltes mit Kokos und Limettenblättern

8–10 Kaffirlimetten-Blätter
(aus dem Asienladen; evtl. tiefgefroren)
1 Bund Frühlingszwiebeln
250 g Mungobohnensprossen
600 g Putenbrustfilet
2 EL Öl
1 Dose ungesüßte Kokosmilch (400 ml)
Salz | frisch gemahlener schwarzer Pfeffer

Für 4 Personen | ca. 25 Min. Zubereitung
Pro Portion ca. 410 kcal, 41 g EW, 25 g F, 5 g KH

1 Die Limettenblätter waschen und in sehr feine Streifen schneiden. Die Frühlingszwiebeln waschen, putzen und schräg in feine Ringe schneiden. Die Mungobohnensprossen kalt abbrausen und abtropfen lassen.

2 Das Putenbrustfilet kalt abbrausen, mit Küchenpapier gut trocken tupfen und quer zur Faser in schmale Streifen schneiden.

3 Das Öl in einer Pfanne oder im Wok erhitzen. Das Fleisch darin portionsweise je 1 Min. rundherum scharf anbraten. Fertig angebratenes Fleisch mit einem Schaumlöffel aus der Pfanne oder dem Wok nehmen und beiseitestellen.

4 Die weißen Zwiebelteile in die Pfanne oder den Wok geben und leicht anbraten. Dann die fein geschnittenen Limettenblätter und Mungobohnensprossen dazugeben und die Kokosmilch angießen. Alles bei starker Hitze ca. 2 Min. kochen lassen. Zuletzt das Fleisch wieder in die Pfanne geben und den Großteil der grünen Zwiebelringe. Alles vermischen, mit Salz und Pfeffer abschmecken, mit den übrigen grünen Zwiebelringen bestreuen und sofort servieren.

Passender Begleiter

Zum asiatisch inspirierten Geschnetzelten passt Reis am allerbesten.

Mal anders

Natürlich lässt sich dieses Geschnetzelte im Nu mit Curry abwandeln – das passt immer gut zur Kokosmilch. Rühren Sie fertig gekaufte Currypaste aus dem Asienladen unter die Kokossauce. Dosieren Sie die Paste anfangs sparsam – einige Vertreter sind ganz schön scharf. Zwar mildert die Kokosmilch die Schärfe, trotzdem wollen Sie ja das Geschnetzelte genießen, ohne Feuer zu spucken.

Schon gewusst?

In Thailand sind sie ungemein beliebt – die kleinen, runzeligen Kaffirlimetten. Sie geben zwar nur wenig Saft, aber die dunkelgrünen Blätter sorgen in vielen Gerichten für ausgeprägtes Zitrus-Aroma. Oft werden sie – ähnlich wie bei uns Lorbeerblätter – mitgekocht und vor dem Servieren entfernt, da sie im Ganzen kaum genießbar sind. Um ihnen ein Maximum an Aroma zu entlocken, kann man die Blätter in hauchdünne Streifen schneiden und mitessen. Einfach ausprobieren!

Geschnetzeltes in Pfefferrahm

1 Bund Frühlingszwiebeln
10–15 Zweige Zitronenthymian
500 g Schweineschnitzel (z. B. aus der Nuss)
1 EL Butterschmalz
Salz | Zitronenpfeffer
2 TL Mehl
200 ml Fleischbrühe
100 g Sahne
4 EL eingelegter grüner Pfeffer

Für 4 Personen | ca. 25 Min. Zubereitung
Pro Portion ca. 255 kcal, 29 g EW, 13 g F, 4 g KH

1 Die Frühlingszwiebeln waschen, putzen und schräg in feine Ringe schneiden. Den Zitronenthymian waschen und trocken schütteln, die Blättchen abzupfen oder von den Stielen streifen.

2 Das Schweineschnitzel nach Belieben kalt abwaschen, auf jeden Fall gut trocken tupfen. Quer zur Faser in schmale Streifen schneiden. Das Butterschmalz in einer Pfanne oder im Wok stark erhitzen, das Fleisch darin portionsweise rundherum 1/2–1 Min. goldbraun anbraten. Mit Salz und Zitronenpfeffer würzen und mit einem Schaumlöffel herausnehmen.

3 Die Frühlingszwiebeln im Bratfett in der Pfanne oder im Wok andünsten. Das Mehl darüberstreuen und kurz anschwitzen. Die Brühe angießen und den Bratensatz unter Rühren lösen. Bei starker Hitze 2–3 Min. einkochen lassen. Dann die Sahne einrühren und auch diese ca. 2 Min. einkochen lassen.

4 Den Zitronenthymian und den grünen Pfeffer einrühren, dann das Fleisch wieder in die Pfanne oder den Wok geben. Noch kurz durchgaren, dann herzhaft abschmecken und sofort servieren.

Passender Begleiter

Zu dem Geschnetzelten passt Reis am allerbesten. Bringen Sie ihn zum Servieren doch mal elegant in Form: Dafür 4 Dessert- oder Vorspeisenringe innen mit etwas Butter fetten und auf Teller setzen. Den gegarten Reis in die Ringe geben und andrücken, dann die Ringe abziehen. Ebenso dekorativ: den Reis in gefettete Tassen geben und auf die Teller stürzen.

Schon gewusst?

Zitronenthymian erlebt einen wunderbaren Boom. Wunderbar ist das deshalb, weil er reichlich feines Aroma mit deutlicher Zitronennote enthält. Wenn Sie keinen Zitronenthymian bekommen, nehmen Sie normalen Thymian und würzen das Geschnetzelte mit etwas abgeriebener Bio-Zitronenschale.

Mal anders

Geschnetzeltes mit Sahne- bzw. Rahmsauce ist bei Groß und Klein gleichermaßen beliebt. Sie können es immer wieder mit wenigen Handgriffen abwandeln. Der Hit bei Kindern: knackige Apfelwürfel mit anbraten und zum Ablöschen statt Brühe Apfelsaft nehmen. Oder Sie rühren fein gehackten Kerbel unter das Geschnetzelte – er passt ebenfalls bestens zur pfeffrigen Note der Sahnesauce.
Statt mit grünem Pfeffer können Sie der Sauce durch einige Kapern einen besonderen Touch verleihen. Nehmen Sie möglichst kleine Exemplare, die sind feiner im Geschmack.
Etwas trockener Sherry oder Madeira sorgen im Nu für einen ungewöhnlichen Geschmack.
Tomatenfans schneiden 6–8 getrocknete Tomaten (in Öl) in feine Streifen und rühren diese mit den Pfefferkörnern unter die Sahnesauce. Hier passt Olivenöl zum Anbraten besser als Butterschmalz.

Hähnchenwürfel in Rieslingsauce

75 g durchwachsener Räucherspeck
200 g Schalotten
2 Knoblauchzehen
200 g kleine Champignons
500 g Hähnchenbrustfilet
2 EL Butter
2 EL Mehl
1/2 l kräftiger trockener Riesling
Salz | frisch gemahlener weißer Pfeffer
2 Lorbeerblätter
1 TL getrockneter Thymian
1/2 Bio-Zitrone

Für 4 Personen | ca. 25 Min. Zubereitung
Pro Portion ca. 460 kcal, 32 g EW, 24 g F, 11 g KH

1 Den Speck von Schwarte und Knorpeln befreien und klein würfeln. Die Schalotten schälen und grob zerteilen. Den Knoblauch schälen und hacken oder durch die Presse drücken. Die Champignons putzen und mit einem feuchten Tuch abreiben. Das Hähnchenbrustfilet kalt abwaschen und mit Küchenpapier trocken tupfen, in 2–3 cm große Würfel schneiden.

2 1 EL Butter in einer breiten Pfanne oder im Wok zerlassen. Den Speck hineingeben und leicht anbraten. Die Schalotten und den Knoblauch dazugeben und ebenfalls leicht anbraten. Dann die Champignons hinzufügen und mit anbraten. Alles aus der Pfanne oder dem Wok nehmen.

3 Wieder 1 EL Butter in Pfanne oder Wok zerlassen und aufschäumen. Das Fleisch hineingeben und rundherum ca. 2 Min. goldbraun anbraten. Herausnehmen. Das Mehl in Pfanne oder Wok streuen und unter Rühren anschwitzen. Mit dem Riesling ablöschen, mit Salz, Pfeffer, Lorbeerblatt und Thymian würzen. Den Wein bei starker Hitze 3–4 Min. einkochen lassen.

4 Die zuvor angebratene Speck-Pilz-Mischung und das angebratene Hähnchenfleisch unter die Sauce mischen und alles noch 1–2 Min. kochen lassen.

5 Die Zitrone heiß waschen und abtrocknen. Die Schale mit einem Juliennereißer in feinen Spänen abziehen oder fein abreiben, etwas Saft auspressen. Die Sauce mit Salz, Pfeffer und etwas Zitronensaft abschmecken, das Ganze mit Zitronenschalenspänen bestreuen und servieren.

Passende Begleiter

Frisches, knuspriges Baguette passt zu diesem Essen am besten. Aber auch Reis harmoniert gut mit den anderen Zutaten.

Schon gewusst?

Vorbild für diese schnelle Pfanne ist ein französischer Klassiker: Coq au vin, Hähnchen in Wein. Im Original wird ein ganzes Hähnchen zerteilt und in Burgunder Rotwein gegart, und natürlich gehört ein Glas Burgunder unbedingt dazu. Andere Rezepte kombinierten das Huhn mit anderen Weinsorten, etwa mit Riesling oder französischem Sancerre. In unserem Rezept wird klein geschnittenes Filet verwendet. Das Ergebnis ist ebenso lecker, steht aber viel schneller auf dem Tisch.

Lammpfanne mit Zimt und Oregano

500 g Lammfleisch aus dem Rücken (Lammlachse)
4–5 große Zwiebeln
4 EL Olivenöl
400 ml Lammfond (aus dem Glas)
1 kleine Dose stückige Tomaten (400 g)
1/8 l trockener Rotwein (ersatzweise Lammfond)
2 Zimtstangen
2 Lorbeerblätter
3–4 Zweige Oregano (oder 1–2 TL getrockneter Oregano)
1/2 Bio-Zitrone
Salz | frisch gemahlener schwarzer Pfeffer

Für 4 Personen | ca. 30 Min. Zubereitung
Pro Portion ca. 310 kcal, 27 g EW, 17 g F, 6 g KH

1 Das Lammfleisch nach Belieben kalt abspülen und gut trocken tupfen. Von Sehnen befreien, dann in 1–2 cm große Würfel schneiden. Die Zwiebeln schälen, halbieren und in Scheiben schneiden.

2 2 EL Olivenöl in einer breiten Pfanne oder im Wok erhitzen. Das Lammfleisch portionsweise hineingeben und bei starker Hitze ca. 1 Min. braun anbraten. Dabei nicht rühren, sondern die Fleischwürfel nach 1/2 Min. mit einem Pfannenwender umdrehen. Das Fleisch aus der Pfanne oder dem Wok nehmen.

3 Die übrigen 2 EL Öl in Pfanne oder Wok erhitzen, die Zwiebeln darin kurz anbraten. Den Lammfond dazugießen. Tomaten, Rotwein, Zimtstangen und Lorbeerblätter dazugeben und die Flüssigkeit bei starker Hitze unter häufigem Rühren ca. 5 Min. einkochen lassen.

4 Den Oregano waschen, trocken tupfen und die Blättchen abzupfen, dann in feine Streifen schneiden. Die halbe Zitrone heiß waschen und abtrocknen, die Schale fein abreiben und den Saft auspressen.

5 Oregano, Zitronenschale und das angebratene Fleisch in die Pfanne oder den Wok geben. Alles verrühren, mit Salz und Pfeffer abschmecken und noch kurz aufkochen. Zum Schluss mit dem Zitronensaft beträufeln, die Zimtstangen und Lorbeerblätter entfernen.

Passender Begleiter

Zu dem griechisch anmutenden Essen passen die kleinen griechischen Nudeln (Kritharaki) sehr gut. Sie heißen auch Reisnudeln und erinnern von der Form eher an Reiskörner. Kaufen können Sie sie auch bei uns in vielen Supermärkten, garantiert fündig werden Sie in griechischen und türkischen Lebensmittelläden.

Mal anders

Die Kombination mit Zimt und Oregano schmeckt nicht nur mit Lammfleisch, sondern auch mit Schwein oder Rind. Wählen Sie Ihren Favoriten – die Zubereitung ändert sich nicht. Wichtig ist nur, dass Sie wirklich zarte Stücke kaufen, die binnen weniger Minuten gar sind.
Auch fein schmeckt die **Lammpfanne mit Schafskäse**.
Dafür die Lammpfanne wie beschrieben zubereiten.
Als Topping streuen Sie Schafskäse (Feta) obenauf.
Dafür 200 g Schafskäse grob zerbröckeln, mit Oreganoblättchen, grob gemahlenem Pfeffer und etwas abgeriebener Bio-Zitronenschale mischen.

Schon gewusst?

Das Angebot an konservierten Tomaten ist groß – stellen Sie sich immer einige in den Vorrat. Sie können nahezu jede Konserve für dieses Rezept verwenden. Neben Dosen mit stückigen Tomaten gibt es Dosen mit ganzen geschälten Tomaten. Wenn Sie diese nehmen, kommen Tomaten und Saft in die Pfanne, und die Tomaten werden mit einem Kochlöffel zerdrückt.
Seit Jahren wird das Angebot an Tetrapaks immer größer. Gehackt, gewürfelt, püriert, mit oder ohne Kräuter oder Gewürze – Sie haben die Qual der Wahl.

Hirschragout mit Feigen und Balsamico

6 weiche getrocknete Feigen
125 g Schalotten
1 Zweig Rosmarin
500 g Hirschrückenfilet
2 EL Butterschmalz
Salz | frisch gemahlener schwarzer Pfeffer
100 ml trockener Rotwein (ersatzweise Wildfond)
200 ml Wildfond (aus dem Glas)
3–4 EL alter Aceto balsamico (siehe »Schon gewusst«)

Für 4 Personen | ca. 30 Min. Zubereitung
Pro Portion ca. 310 kcal, 29 g EW, 11 g F, 18 g KH

1 Die Feigen von den Stielansätzen befreien und in kleine Würfel schneiden. Die Schalotten schälen und ebenfalls fein würfeln. Den Rosmarin waschen und trocken schütteln, die Nadeln abzupfen und fein hacken.

2 Das Hirschrückenfilet kalt abbrausen und trocken tupfen, 2–3 cm groß würfeln. Das Butterschmalz in einer Pfanne oder im Wok erhitzen. Es soll gut heiß sein, aber nicht zu rauchen beginnen. Die Hirschfleischwürfel darin portionsweise rundherum 1–2 Min. braun anbraten. Mit Salz und Pfeffer würzen, mit einem Schaumlöffel aus der Pfanne oder dem Wok nehmen und zugedeckt beiseitestellen.

3 Die Feigen, die Schalotten und den Rosmarin in die Pfanne oder den Wok geben und unter Rühren leicht andünsten. Den Wein angießen und bei starker Hitze fast völlig einkochen lassen. Dann den Fond angießen, alles bei starker Hitze unter häufigem Rühren zu einer dickflüssigen Sauce einkochen lassen.

4 Das Fleisch wieder in die Pfanne oder den Wok geben, mit den übrigen Zutaten vermengen und 2–3 Min. köcheln lassen. Den Aceto balsamico einrühren und das Ragout abschmecken.

Passende Begleiter

Semmelknödel oder Spätzle passen bestens. Wenn keine Zeit ist, reichen Sie Baguette oder Stangenweißbrot dazu – damit lässt sich die Sauce gut auftunken.

Mal anders

Wenn Sie kein Hirschfilet bekommen, bereiten Sie das fruchtig-pikante Ragout mit anderen Fleischsorten zu, etwa mit Rinderfilet oder mit Lammrücken.
Oft gibt es Hirschfleisch nur in der Tiefkühltruhe. Es ist bereits mariniert? Kein Problem – waschen Sie die Marinade nach dem Auftauen der Fleischstücke kalt ab. Für eine noch raffiniertere Variante lassen Sie 20 g Bitterschokolade in der Sauce schmelzen und sorgen mit einer fein gehackten roten Chilischote für Schärfe.

Schon gewusst?

Balsamico ist der König unter den Essigen – wenn es sich um einen »Aceto Balsamico Tradizionale« handelt. Für einen Liter von diesem feinen Tropfen braucht man hundert Kilogramm Trauben, die eingekocht, vergoren und sehr lange gelagert werden. Kein Wunder, dass dieser aromatische Essig einen hohen Preis hat.
Weiter verbreitet und deutlich billiger sind Balsamessige, die heute in fast jeder Küche stehen. Mit dem italienischen Original haben sie jedoch meist wenig zu tun. Der Begriff »Aceto balsamico« ist nicht geschützt – auch ein in Deutschland hergestellter Essig darf sich so nennen.
Bei diesen Essigen gibt es riesige Unterschiede. Einige sind nur sauer, andere fein aromatisch und süßlich. Ein wenig können Sie sich am Preis orientieren – sehr billige Sorten liefern einfachen Essig, bei teureren Sorten kann mehr Aroma darin stecken. Es hilft nur, verschiedene Sorten zu probieren. Bei guten Händlern ist das sogar vor Ort möglich. Und: lesen Sie die Zutatenliste. Für hochwertige Balsamessige werden ausschließlich Traubenmost und Weinessig verwendet. Billig-Varianten hingegen sind zwar ebenfalls dunkel und würzig, für das typische Braun und die Cremigkeit sorgen jedoch Zuckerkulör und/oder Karamell. Oft kommen Aroma- und Konservierungsstoffe hinzu.

Gänsebrustfilet mit Hagebutten und Kirschen

2 Gänsebrustfilets (je ca. 400 g)
Salz | frisch gemahlener schwarzer Pfeffer
10–15 Zweige Majoran (oder 2–3 TL getrockneter)
250 g rote Zwiebeln
2 EL Mehl
400 ml Gänse- oder Geflügelfond (aus dem Glas)
2–3 EL Hagebuttenmark (aus dem Reformhaus)
1 kleines Glas entsteinte Sauerkirschen (350 g; 170 g Abtropfgewicht)
1/8 TL gemahlener Kardamom
1 EL Schmand

Außerdem
Majoran zum Garnieren

Für 4 Personen | ca. 40 Min. Zubereitung
Pro Portion ca. 335 kcal, 23 g EW, 18 g F, 20 g KH

1 Die Gänsebrustfilets kalt abwaschen und trocken tupfen. Die Fettschicht abschneiden und sehr fein würfeln. Das Fleisch in mundgerechte Stücke schneiden und rundherum mit Salz und Pfeffer würzen.

2 Den Majoran waschen und trocken tupfen, die Blättchen abzupfen. Die roten Zwiebeln schälen und klein würfeln. Das gewürfelte Gänsefett in eine Pfanne oder den Wok geben. Pfanne oder Wok erhitzen, das Fett darin zuerst bei schwacher, dann bei starker Hitze knusprig braten. Die knusprigen Stücke herausheben und auf Küchenpapier entfetten.

3 Das ausgebratene Fett bis auf 1 EL aus Pfanne oder Wok gießen. Das Fleisch in die Pfanne oder den Wok geben und rundherum 1–2 Min. scharf anbraten. Herausnehmen und beiseitestellen.

4 Die Zwiebeln und den Majoran (bis auf wenige Blättchen) in die Pfanne oder den Wok geben und leicht anbraten. Das Mehl darüberstreuen und anschwitzen, dann unter Rühren den Gänse- oder Geflügelfond angießen. Den Fond offen bei starker Hitze ein wenig einkochen lassen.

5 Das Hagebuttenmark, die abgetropften Sauerkirschen, den Kardamom und die angebratenen Fleischwürfel unter die Sauce mischen. Alles bei schwacher Hitze 3–4 Min. sanft köcheln lassen. Den Schmand einrühren, alles abschmecken, mit dem übrigen Majoran garnieren und heiß servieren. Die Würfel vom Gänsefett darüberstreuen.

Passende Begleiter

Die Industrie bietet diverse Produkte an, mit denen sich Semmelknödel rasch auf den Tisch bringen lassen. Sie sind okay, aber kein Vergleich zu selbst gemachten Knödeln. Außerdem: Selbst gemachte Semmelknödel können Sie mit allerlei Zutaten veredeln.
Probieren Sie mal **Steinpilz-Semmelknödel**. Dafür 25 g getrocknete Steinpilze in warmem Wasser 20 Min. quellen lassen. 5 altbackene Semmeln (Brötchen) in ganz kleine Würfel schneiden, in einer Schüssel mit 1/4 TL Salz bestreuen und mit 1/4 l kochend heißer Milch übergießen. Zugedeckt ca. 30 Min. quellen lassen. 1 kleine Zwiebel schälen, hacken und in wenig Butter weich dünsten, zuletzt die eingeweichten Steinpilze ausdrücken, klein schneiden und mit andünsten.
Mit gehackter Petersilie und 2 Eiern zu den Semmeln geben und alles sehr gründlich verkneten.
Einen kleinen Probeknödel in siedend heißes Salzwasser geben. Zerfällt er, gehört noch etwas Mehl unter die Knödelmasse. Andernfalls mit nassen Händen 8 Knödel aus der Semmelmasse formen, in siedendes (keinesfalls kochendes!) Wasser geben und in ca. 20 Min. gar ziehen lassen.

Schon gewusst?

Gänse haben im November (als Martinsgans) und im Dezember (als Weihnachtsgans) Hauptsaison. In diesen Monaten gibt es oft auch Gänsebrustfilet frisch zu kaufen. Außerhalb dieser Monate bekommt man Gänse oft nur tiefgefroren. Das verspricht nicht immer wahren Genuss, denn Gänse enthalten viel Fett, und das Fett verdirbt auch in gefrorenem Zustand relativ schnell. Außerhalb der Saison können Sie das Rezept mit Rindfleisch zubereiten.

Lammcurry mit zweierlei Ananas

1 walnussgroßes Stück Ingwer
2 Knoblauchzehen
1 Bund Frühlingszwiebeln
2 Zucchini
600 g Lammfleisch aus dem Rücken (Lammlachse)
2 Scheiben frische Ananas (geputzt ca. 250 g)
3 EL Öl
1 EL rote Currypaste (aus dem Asienladen; siehe »Schon gewusst«)
1/4 l Gemüsebrühe
10 Kaffirlimetten-Blätter (aus dem Asienladen)
30 g Kokosnusspulver (aus dem Asienladen, ersatzweise 200 ml ungesüßte Kokosmilch)
2–3 EL Fisch- oder Sojasauce
30 g getrocknete Ananas
1/2 Bund Koriandergrün

Für 4 Personen | ca. 30 Min. Zubereitung
Pro Portion ca. 405 kcal, 35 g EW, 20 g F, 21 g KH

1 Ingwer und Knoblauch schälen und fein würfeln. Die Frühlingszwiebeln waschen, putzen und in feine Ringe schneiden. Die Zucchini waschen, putzen und längs vierteln, die Viertel längs in Stücke schneiden.

2 Das Lammfleisch nach Belieben kalt abbrausen und trocken tupfen, in 1–2 cm große Würfel schneiden. Die frische Ananas ebenfalls würfeln. 1 EL Öl in einem Wok erhitzen. Das Fleisch portionsweise rundherum 1 Min. scharf anbraten. Fertig angebratenes Fleisch mit einem Schaumlöffel herausnehmen und beiseitestellen.

3 Das restliche Öl im Wok erhitzen, Ingwer, Knoblauch und die weißen Frühlingszwiebelringe darin leicht anbraten. Die Zucchiniwürfel mit anbraten, dann die Currypaste einrühren. Mit der Brühe ablöschen. Kaffirlimetten-Blätter, Kokosnusspulver und die Fisch- oder Sojasauce einrühren, alles bei starker Hitze ca. 5 Min. kochen lassen. Bei Verwendung von Kokosmilch die Sauce etwas einkochen lassen.

4 Die getrocknete Ananas sehr fein würfeln. Das Koriandergrün abbrausen und trocken schütteln, dann hacken. Mit der getrockneten Ananas mischen.

5 Das Lammfleisch, die frischen Ananaswürfel und die grünen Frühlingszwiebelringe unter das Curry mischen und alles noch 2–3 Min. sanft köcheln lassen. Mit Currypaste und Fisch- oder Sojasauce abschmecken. Zum Servieren die Limettenblätter entfernen und die Ananas-Koriandergrün-Mischung aufstreuen.

Passender Begleiter

Zu jedem Curry schmeckt Reis besonders gut, und am besten passt natürlich der feine Duft- oder Jasminreis.

Schon gewusst?

Currypasten sind in der Thai-Küche enorm wichtig und seit einigen Jahren auch bei uns im Asienladen zu bekommen. Es gibt viele verschiedene Sorten, und die Schärfe variiert. Die mildeste Variante ist die rote Paste. Thai-Neulinge sollten aber auch diese »milde« Paste anfangs sparsam verwenden, denn für ungeübte Gaumen ist auch sie noch scharf genug.
Sind Sie zum echten Curry-Fan geworden, möchten Sie rote Currypaste vielleicht einmal selbst machen: dafür beispielsweise 1 EL Koriandersamen, 2 TL Kreuzkümmelsamen und 1 TL schwarze Pfefferkörner in einer Pfanne ohne Fett bei mittlerer Hitze 2 Min. rösten, dann in einer alten elektrischen Kaffeemühle oder mit einer Gewürzmühle fein mahlen. 8–10 frische rote Chilischoten halbieren, entkernen, waschen und grob hacken. 4 Schalotten, 12 kleine Knoblauchzehen und 20 g Kurkumawurzel schälen und grob würfeln. Die weißen Teile von 4 Stängeln Zitronengras hacken. Alles zusammen mit 4 Kaffirlimetten-Blättern, einigen Blättchen Koriandergrün, 2 TL Shrimp-Paste, 1/2 TL Macis (Muskatblüte) und 3–4 EL Öl im Mörser fein zerreiben oder im Mixer pürieren.

Gebratenes Huhn mit Nudeln und Garnelen

100 g Reis-Bandnudeln
1 Bund Frühlingszwiebeln
1 rote Paprikaschote
2 Knoblauchzehen
100 g Shiitakepilze
1 kleine Dose Bambussprossen (ca. 230 g)
400 g Hähnchenbrustfilet
150 g Garnelen
2 EL Öl
1 EL Reisessig
2 EL Fischsauce oder Austernsauce
1 TL Zucker
helle Sojasauce
frisch gemahlener schwarzer Pfeffer
Außerdem
Koriandergrün zum Bestreuen

Für 4 Personen | ca. 30 Min. Zubereitung
Pro Portion ca. 365 kcal, 35 g EW, 13 g F, 27 g KH

1 Die Nudeln nach Packungsangabe mit heißem Wasser übergießen und quellen lassen oder in Wasser bissfest kochen. Inzwischen die Frühlingszwiebeln waschen, putzen und schräg in feine Ringe schneiden. Die Paprikaschote halbieren, Trennwände und Kerne entfernen, die Hälften waschen und in schmale Streifen schneiden. Die Knoblauchzehen schälen und fein hacken.

2 Die Pilze putzen, mit einem feuchten Tuch abreiben, die Stiele herausdrehen und wegwerfen, die Hüte in Streifen schneiden. Die Bambussprossen abtropfen lassen, eventuell klein schneiden.

3 Das Hähnchenbrustfilet kalt abwaschen und trocken tupfen. In feine Streifen schneiden. Die Garnelen ebenfalls kalt abbrausen, die Schale ablösen, dabei den Schwanzfächer dranlassen. Garnelen trocken tupfen.

4 Das Öl in einem Wok stark erhitzen. Frühlingszwiebeln, Paprika und Knoblauch einrühren und kurz anbraten. Die Pilze dazugeben, dann die abgetropften Bambussprossen. Das Gemüse an den Rand schieben, das Hähnchenfleisch und die Garnelen nach und nach in der heißen Mitte des Woks anbraten. Alles mischen und bei starker Hitze unter ständigem Rühren noch 1–2 Min. braten.

5 Den Essig mit Fisch- oder Austernsauce, Zucker, etwas Sojasauce und Pfeffer verrühren und in den Wok gießen. Die Nudeln in einem Sieb gut abtropfen lassen und unter die übrigen Zutaten im Wok mischen. Alles noch ca. 1/2 Min. unter Rühren braten. Abschmecken und mit Koriandergrün bestreut servieren.

Passender Begleiter

Die sättigenden Reisnudeln sind bereits mit den anderen Zutaten gegart, deshalb brauchen Sie keine weiteren Beilagen. Stellen Sie lediglich Sojasauce zum Nachwürzen bereit.

Mal anders

Klein geschnittene Zutaten aller Art lassen sich im Wok blitzschnell kombinieren und garen. Und dabei muss es nicht immer asiatisch zugehen – auch klassisch europäische Zutaten können im Wok landen. Versuchen Sie mal **gebratenes Huhn mit Spätzle**. Dafür 250 g Spätzle in Salzwasser bissfest garen und gut abtropfen lassen. 1 Bund Frühlingszwiebeln oder 1 Stange Lauch, 1 Paprikaschote und nach Belieben 100 g gesäuberte Champignons oder Steinpilze klein schneiden und im heißen Öl im Wok anbraten, an den Rand schieben.
400–500 g klein geschnittenes Hähnchenbrustfilet in der heißen Mitte anbraten. Mit etwas Brühe ablöschen und mit Salz, Pfeffer und reichlich gehackter Petersilie würzen. Die Spätzle untermischen und alles mit Petersilie bestreut servieren.

Wok-Ente mit Ingwergemüse

Für die Ente
1 Bund Frühlingszwiebeln
2 dicke Möhren
200 g Mungobohnensprossen
1 walnussgroßes Stück Ingwer
1 Knoblauchzehe
2 Entenbrustfilets (ca. 750 g)
2 Eiweiß
2 EL Speisestärke
Salz
1 TL gemahlener Kreuzkümmel
Für die Sauce
4–5 EL Sojasauce
200 ml Entenfond (aus dem Glas) oder Gemüsebrühe
1 TL Speisestärke
Außerdem
1/2 l neutrales Pflanzenöl zum Ausbacken
Koriandergrün zum Garnieren

Für 4 Personen | ca. 40 Min. Zubereitungszeit
Pro Portion ca. 455 kcal, 40 g EW, 24 g F, 16 g KH

1 Die Frühlingszwiebeln waschen, putzen und sehr schräg in Ringe schneiden. Die Möhren schälen und der Länge nach vierteln, die Viertel schräg in Scheiben schneiden. Die Mungobohnensprossen kalt abspülen und gut abtropfen lassen. Ingwer und Knoblauch schälen und fein hacken.

2 Die Entenbrustfilets kalt abspülen und trocken tupfen. In 1–2 cm große Würfel schneiden. Die Eiweiße steif schlagen, die Speisestärke, 1/2 TL Salz und den gemahlenen Kreuzkümmel einrühren. Die Entenbruststücke darin wenden.

3 Das Öl zum Ausbacken im Wok erhitzen. Die Entenfleischwürfel darin nach und nach bei starker Hitze in jeweils ca. 1 1/2 Min. goldbraun und kross frittieren. Achtung – es spritzt! Angebratene Stücke aus dem Öl heben und auf Küchenpapier entfetten.

4 Wenn alle Fleischwürfel gebraten sind, das Öl bis auf 2 EL aus dem Wok gießen. Erst den Ingwer und den Knoblauch im verbliebenen Fett anbraten, dann auch die Frühlingszwiebeln und die Möhren. Das Gemüse unter Rühren bei mittlerer Hitze in 1–2 Min. garen. Die Mungobohnensprossen dazugeben.

5 Für die Sauce die Sojasauce mit Entenfond oder Gemüsebrühe und der Speisestärke glatt rühren, in den Wok geben und kurz aufkochen lassen. Mit Salz abschmecken. Die Entenfleischwürfel wieder dazugeben, mit Koriandergrün bestreuen und servieren.

Passender Begleiter

Reis, am besten der feine Basmatireis, harmoniert mit Gemüse und saftigem Entenfleisch besonders gut.

Mal anders

Die knusprigen Entenstücke können Sie immer wieder mit anderen Gemüsesorten kombinieren. Nehmen Sie auch mal Paprikaschoten, Staudensellerie und/oder kleine Maiskölbchen.
Andere Idee: Servieren Sie die Wok-Ente mit Gemüse auf einem üppigen Bett aus verschiedenen Blattsalaten, angemacht mit einem leichten Dressing.

Schon gewusst?

Entenbrustfilets haben stets eine dicke Fettschicht, die für viel Geschmack sorgt, aber natürlich auch reichlich Kalorien liefert. Wer daran sparen möchte, schneidet zuerst das Fett ab und würfelt nur das schiere Fleisch. Oder Sie gehen den Mittelweg und lassen einen Teil des Fettes dran. Es wird nämlich herrlich knusprig und superlecker.

Blitz-Cassoulet mit dreierlei Fleisch

500 g große Tomaten
200 g Lammfleisch aus dem Rücken (Lammlachse)
1 Entenbrustfilet (ca. 350 g)
200 g Schweinefilet
2 Zwiebeln
75 g durchwachsener Räucherspeck
100 g Knoblauchwurst (z. B. Kabanossi)
3 EL Schweineschmalz
4 EL Semmelbrösel
Salz | frisch gemahlener schwarzer Pfeffer
2 Knoblauchzehen
1 große Dose weiße Bohnenkerne (800 g)
1 Bund Schnittlauch

Für 4–6 Personen | ca. 45 Min. Zubereitung
Bei 6 Portionen pro Portion
ca. 490 kcal, 37 g EW, 29 g F, 16 g KH

1 Die Tomaten einritzen und für einige Sekunden in kochendes Wasser legen. Kalt abschrecken, häuten und entkernen, von den Stielansätzen befreien und grob würfeln.

2 Das Fleisch (alle drei Sorten) nach Belieben kalt abbrausen und mit Küchenpapier gründlich trocken tupfen. Mundgerecht würfeln.

3 Die Zwiebeln schälen und in kleine Würfel schneiden. Den Speck von Schwarte und Knorpel befreien und klein würfeln. Die Knoblauchwurst in dünne Scheiben schneiden.

4 1 EL Schweineschmalz in einem Topf oder im Wok erhitzen. Die Semmelbrösel darin unter Rühren goldgelb rösten. Aus der Pfanne nehmen und beiseitestellen.

5 Den Topf oder Wok vorsichtig mit Küchenpapier auswischen. Das restliche Schmalz darin erhitzen und die Fleischwürfel portionsweise rundherum bei mittlerer bis starker Hitze 2–3 Min. braun anbraten. Salzen und pfeffern, herausheben und beiseitestellen.

6 Die Zwiebeln, den Speck und die Knoblauchwurst in den Topf oder Wok geben und anbraten. Den Knoblauch schälen und dazudrücken. Die Bohnenkerne mit der Flüssigkeit aus der Dose einrühren, dann auch die gewürfelten Tomaten. Mit Salz und Pfeffer würzen und aufkochen lassen. Das Fleisch dazugeben und alles bei mittlerer Hitze ca. 5 Min. sanft köcheln lassen.

7 Den Schnittlauch waschen und trocken schütteln, in feine Röllchen schneiden und mit den Semmelbröseln mischen. Das Cassoulet abschmecken und mit der Semmelbrösel-Schnittlauch-Mischung bestreut servieren.

Passender Begleiter

Zum recht üppigen Eintopf passt Baguette oder Bauernbrot am besten. Damit lässt sich die aromatische Sauce bestens auftunken.

Schon gewusst?

Das Original stammt aus dem französischen Languedoc, und natürlich gibt es viele »einzig wahre Originalrezepte«. Stets gehören weiße Bohnen hinein und reichlich verschiedenes Fleisch. Hier aber scheiden sich die Geister: mal »muss« Hammel hinein, dann wieder Ente und ein andermal Gans oder gar Wildgeflügel. Vermutlich ist es wie bei fast allen Eintöpfen: immer kam das hinein, was gerade zur Verfügung stand. Allen »Originalen« gemeinsam aber ist, dass die Zutaten in eine große Kasserolle geschichtet und langsam im Ofen gegart werden. Und: Ein Cassoulet ist stets eine üppige Angelegenheit.

Beef-Fajitas mit Paprika und Zwiebeln

3 Knoblauchzehen
2 Chilischoten
8 EL Olivenöl
2 EL Limettensaft
1 EL Tequila (nach Belieben)
frisch gemahlener schwarzer Pfeffer
gemahlener Kreuzkümmel
600 g Rindfleisch zum Kurzbraten
(z. B. Roastbeef oder Filet)
2 rote Paprikaschoten
3 rote Zwiebeln
8 Tortillas
(Fertigprodukt oder selbst gebacken)
Salz

Für 4 Personen
ca. 30 Min. Zubereitung + evtl. 2–3 Std. Marinieren
Pro Portion ca. 610 kcal, 41 g EW, 19 g F, 64 g KH

1 Den Knoblauch schälen, die Chilischoten halbieren, entkernen, waschen und mit dem Knoblauch fein hacken. Beides mit Olivenöl, Limettensaft, nach Belieben Tequila, Pfeffer und gemahlenem Kreuzkümmel verrühren.

2 Das Fleisch von Fett und Sehnen befreien und in nicht zu feine Streifen schneiden. In der Marinade wenden. Nach Belieben 2–3 Std. zugedeckt marinieren.

3 Die Paprikaschoten halbieren, Trennwände und Kerne entfernen, die Hälften waschen und in Streifen schneiden. Die Zwiebeln schälen, halbieren und in Streifen schneiden.

4 Die Tortillas in der Mikrowelle oder im Backofen erwärmen. Alternativ die Tortillas nacheinander in einer beschichteten Pfanne bei mittlerer Hitze einige Sekunden braten. Fertige Tortillas zugedeckt warm halten.

5 Eine breite, schwere Pfanne oder den Wok stark erhitzen. Das Fleisch portionsweise hineingeben und 1–2 Min. rundherum anbraten, salzen. Herausnehmen, dann die Paprika- und die Zwiebelstreifen in die Pfanne oder den Wok geben und bei etwas reduzierter Hitze unter Rühren 3–4 Min. braten.

6 Das Fleisch wieder dazugeben, alles vermischen, abschmecken und sofort servieren. Die Tortillas dazu reichen, jeder macht seine Fajita selbst.

Passende Begleiter

Fajitas werden stets mit allerlei Beilagen serviert. Dazu gehören saure Sahne, geriebener Käse, Tomaten-Salsa (aus dem Glas oder selbst gemacht; siehe S. 105) und **Guacamole**: Für diese samtige Avocadosauce das Fruchtfleisch von 2 reifen Avocados aus den Schalen lösen, Kerne entfernen. Das Fruchtfleisch mit einem Kartoffelstampfer oder einer Gabel zerkleinern oder mit dem Pürierstab pürieren. Die Creme sofort mit Salz, 2 EL Limetten- oder Zitronensaft, Chiliflocken oder 1 frischen, fein gehackten Chilischote verrühren und abschmecken. Nach Belieben können Sie noch ganz fein gewürfelte Tomate und Zwiebel untermischen.

Schon gewusst?

Die herzhafte Fleisch-Gemüse-Mischung wird bei Fajitas direkt in der heißen Pfanne auf den Tisch gestellt – es soll noch richtig schön brutzeln. Die übrigen Zutaten werden drum herumarrangiert – und jeder füllt sich seine Tortillas ganz nach seinem Geschmack.
Übrigens gibt es **Tortillas** in den meisten Supermärkten abgepackt zu kaufen. Wenn Sie einmal selbst welche backen möchten: 100 g feines Maismehl mit 100 g Weizenvollkornmehl mischen oder nur 200 g Weizenmehl (z. B. Type 1050) nehmen. Mit 5 EL Öl, 1 TL Salz und gut 100 ml Wasser verkneten. Zugedeckt ca. 1 Std. ruhen lassen, dann zu sehr dünnen Fladen ausrollen und diese nacheinander in einer sehr heißen Pfanne 30–60 Sek. braten.

Geschnetzeltes im Crêpes-Mantel

Für die Crêpes
4 Eier
1/4 l helles Bier (ersatzweise Mineralwasser)
90 g Weizenmehl
50 g Roggenmehl
Salz | frisch gemahlener schwarzer Pfeffer
1/2 Bund Petersilie
Butter zum Braten

Für das Geschnetzelte
500 g Schweinefleisch zum Kurzbraten (z. B. aus der Nuss)
150 g gemischte Waldpilze
1 Bund Frühlingszwiebeln
2–3 EL Öl
1/8 l helles Bier (ersatzweise Fleischbrühe)
100 g Crème fraîche
1 kleine Dose Maiskörner (140 g)
Salz | frisch gemahlener schwarzer Pfeffer
1–2 TL Saucenbinder (nach Belieben)

Für 4 Personen | ca. 40 Min. Zubereitung
Pro Portion ca. 615 kcal, 42 g EW, 31 g F, 37 g KH

1 Für die Crêpes Eier, Bier, beide Mehlsorten, Salz und Pfeffer gründlich verrühren. Die Petersilie waschen und trocken schütteln, die Blätter abzupfen und klein hacken. 1 EL gehackte Petersilie unter den Teig mischen, den Rest beiseitelegen. Den Teig 5–10 Min. zugedeckt quellen lassen.

2 Das Fleisch eventuell kalt abbrausen und mit Küchenpapier gut trocken tupfen, dann fein schnetzeln. Die Pilze putzen, mit einem feuchten Tuch abreiben und klein schneiden. Die Frühlingszwiebeln waschen, putzen und schräg in Ringe schneiden.

3 In einer beschichteten Pfanne nach und nach 8 Crêpes backen. Dafür jeweils zuerst etwas Butter in der Pfanne zerlassen und verteilen, eine kleine Kelle voll Teig hineingeben, den Teig durch Schwenken der Pfanne verteilen und von beiden Seiten goldbraun backen. Fertige Crêpes warm stellen.

4 Parallel dazu für das Geschnetzelte etwas Öl in einer breiten, schweren Pfanne oder im Wok stark erhitzen. Das Fleisch darin portionsweise 1/2 –1 Min. scharf anbraten, wieder herausnehmen. Wenn das ganze Fleisch angebraten ist, die Pilze und die Frühlingszwiebeln in der Pfanne oder im Wok in etwas Öl anbraten. Mit dem Bier ablöschen, die Crème fraîche und den abgetropften Mais unterrühren. Die Sauce bei starker Hitze etwas einkochen lassen, dann das Fleisch wieder dazugeben und alles mit Salz, Pfeffer und Petersilie würzen. Nach Belieben mit Saucenbinder leicht andicken.

5 Jeweils 2 Crêpes mit Geschnetzeltem gefüllt auf Tellern anrichten. Mit Petersilie garnieren.

Passender Begleiter

Für einen **bunten Salat** 2 Schalotten schälen und ganz fein würfeln, in einer Schüssel mit Salz, Pfeffer, 1–2 TL Senf und 4 EL Weinessig verquirlen. Anschließend 6 EL neutrales Öl kräftig mit einem Schneebesen unterschlagen und das Dressing mit einigen Tropfen Ahornsirup leicht süßlich abschmecken. Rötliche und grüne Salatblätter (z. B. Lollo rosso und Lollo bianco) waschen, trocken schleudern, kleiner zupfen und im Dressing wenden. Nach Belieben reichlich klein geschnittene Petersilie dazugeben.

Mal anders

Keine Lust oder Zeit, erst Crêpes zu backen? Das Geschnetzelte schmeckt auch mit Reis oder Nudeln serviert superlecker. Ein gemischter Salat rundet auch bei dieser Variante den Genuss perfekt ab.

Hähnchen-Burger auf griechische Art

1/2 Salatgurke
250 g griechischer Vollmilchjoghurt
1 Knoblauchzehe
Salz | frisch gemahlener schwarzer Pfeffer
2 Tomaten
50 g entsteinte Oliven
300 g Hähnchenbrustfilet
1/2 Bio-Zitrone
2 Zwiebeln
2 EL Olivenöl
2–3 TL Gyros-Gewürzmischung
(ersatzweise Oregano, Salz und Pfeffer)
4 Pitabrote (ca. 280 g)

Für 4 Personen | ca. 30 Min. Zubereitung
Pro Portion ca. 445 kcal, 26 g EW, 19 g F, 42 g KH

1 Die Gurke schälen und grob raspeln, die Raspel sehr gut ausdrücken und mit dem Joghurt verrühren. Den Knoblauch schälen und dazudrücken, die Mischung mit Salz und Pfeffer abschmecken. Die Tomaten waschen und ohne die Stielansätze würfeln, dabei zusätzlich entkernen. Die Oliven in Scheiben schneiden.

2 Das Hähnchenfleisch kalt abbrausen und trocken tupfen, dann grob schnetzeln. Die Zitrone heiß waschen und abtrocknen, die Schale fein abreiben und den Saft auspressen. Die Zwiebeln schälen, halbieren und in Streifen schneiden.

3 1 EL Olivenöl in einer Pfanne oder im Wok erhitzen, das Fleisch darin rundherum kurz und scharf anbraten. Die Gyros-Gewürzmischung dazugeben, dann das Fleisch mit einem Schaumlöffel herausnehmen.

4 Das restliche Öl in Pfanne oder Wok erhitzen, die Zwiebeln darin bei mittlerer Hitze 3–4 Min. garen. Das Fleisch wieder dazugeben, alles mit Zitronensaft und -schale würzen und die Flüssigkeit rasch bei starker Hitze verkochen lassen. Jeweils eine tiefe Tasche in die Pitabrote schneiden, evtl. kurz auf dem Toaster anwärmen. Brote mit Gurkenjoghurt, Tomatenwürfeln, Olivenscheiben und Fleisch füllen und sofort servieren.

Passender Begleiter

Für einen griechischen Salat brauchen Sie 1/2 Eisbergsalat, 1 rote Paprikaschote, 1–2 milde Zwiebeln, 1/2–1 Salatgurke. Alles wird geputzt, gewaschen, klein geschnitten und gemischt. Dazu kommen etwa 75 g schwarze Oliven und 150 g Schafskäse (Feta), der entweder gewürfelt oder zerbröckelt auf den Salat gestreut wird. Sie können den Salat mit einer Marinade aus Salz, Pfeffer, Weinessig und reichlich gutem Olivenöl anmachen. Oder Sie stellen diese Zutaten auf den Tisch und jeder macht seinen Salat selbst an.

Mal anders

Für Hähnchen-Burger auf italienische Art 2 Hähnchenbrustfilets quer halbieren, die Hälften in einem Gefrierbeutel oder zwischen zwei Lagen Frischhaltefolie flach klopfen. In etwas Olivenöl bei starker Hitze von jeder Seite 1/2 Min. braten, dann noch 1 Min. bei etwas schwächerer Hitze von jeder Seite garen. Mit Salz und Pfeffer würzen. 4 Ciabattabrötchen aufschneiden, die Hälften mit Pesto bestreichen, mit Rucola, Tomatenscheiben und den Hähnchenschnitzeln belegen und die oberen Hälften wieder draufsetzen.
Für Hähnchen-Burger Pariser Art 350 g Zwiebeln schälen und in feine Ringe schneiden, in etwas Öl andünsten und mit 100 ml trockenem Weißwein ablöschen, mit Salz, Pfeffer und Thymian würzen und unter häufigem Rühren in ca. 15 Min. weich dünsten. Die Flüssigkeit zum Schluss bei starker Hitze verkochen lassen.
2 Hähnchenbrustfilets quer halbieren, die Hälften in einem Gefrierbeutel oder zwischen zwei Lagen Frischhaltefolie flach klopfen. In etwas Öl bei starker Hitze von jeder Seite 1/2 Min. braten, dann noch 1 Min. bei etwas schwächerer Hitze von jeder Seite garen. Mit Salz und Pfeffer würzen. 4 Baguettebrötchen aufschneiden, mit cremigem Edelpilzkäse bestreichen, mit Eichblattsalat, Schnitzeln und den Zwiebeln belegen und die oberen Hälften wieder draufsetzen.

Caesar Salad mit Knusperschnitzel

Für die Knusperschnitzel
400 g Schweinefleisch zum Kurzbraten (siehe »Schon gewusst«)
2 EL Mehl
Salz | frisch gemahlener schwarzer Pfeffer
rosenscharfes Paprikapulver
1 Ei
3 EL Milch
50 g Cashewnüsse
100 g kernige Haferflocken

Für den Salat
2 sehr frische Eier
1–2 TL mittelscharfer Senf
Salz | frisch gemahlener schwarzer Pfeffer
2–3 EL Zitronensaft
100 ml Olivenöl
2 Romanasalate
4 Tomaten

Außerdem
1/2 l neutrales Pflanzenöl zum Braten

Für 4 Personen | ca. 55 Min. Zubereitung
Pro Portion ca. 675 kcal, 36 g EW, 47 g F, 28 g KH

1 Das Schweinefleisch nach Belieben kalt abbrausen und gut trocken tupfen. In mundgerechte, eher flache Stücke schneiden.

2 Auf einem tiefen Teller das Mehl mit Salz, Pfeffer und dem Paprikapulver mischen. Auf einem zweiten (tiefen) Teller das Ei mit der Milch verquirlen. Die Cashewnüsse fein hacken und auf einem dritten Teller mit den Haferflocken mischen.

3 Die Fleischstücke zuerst im gewürzten Mehl, dann im verquirlten Ei und zuletzt in der Cashew-Haferflocken-Mischung wenden. Die Panade gut andrücken und die Fleischstücke beiseitestellen.

4 Für den Salat die Eier anstechen und 2 Min. in kochendes Wasser legen. Herausnehmen und kalt abschrecken. Über einer Salatschüssel aufschlagen, das gestockte Eiweiß und das Eigelb mit einem Löffel aus der Schale lösen. Den Senf, Salz, Pfeffer und 2 EL Zitronensaft dazugeben, dann nach und nach das Olivenöl mit einem Schneebesen kräftig unterschlagen.

5 Die Romanasalate vom Strunk befreien und die Blätter voneinander lösen. Kalt waschen und gut trocken schleudern, quer in Streifen schneiden und im Salatdressing wenden. Die Tomaten waschen und ohne die Stielansätze in Spalten schneiden, ebenfalls dazugeben. Den Salat mit Salz und Pfeffer abschmecken.

6 Reichlich Öl etwa 2–3 cm hoch in einer tiefen Pfanne oder im Wok nicht zu stark erhitzen. Die panierten Fleischstücke darin – falls nötig portionsweise – rundherum in 4–6 Min. goldbraun braten. Erst wenden, wenn die Unterseite goldbraun ist. Fertige Knusperschnitzel zugedeckt warm halten. Knusperschnitzel auf dem Salat anrichten.

Mal anders

Cornflakes eignen sich ebenfalls gut, um Fleisch damit zu panieren und knusprig zu braten. Für 4 Schnitzel brauchen Sie 100–150 g Cornflakes, die Sie nach Belieben grob oder fein zerbröseln. Das können Sie mit den Händen direkt in einer tiefen Schüssel erledigen. Oder Sie geben die Cornflakes in einen Gefrierbeutel, verschließen diesen und rollen mit einem Nudelholz mehrmals darüber.

Schon gewusst?

Hier können Sie jedes zum Kurzbraten geeignete Schweinefleisch nehmen – es wird ja ohnehin klein geschnitten. Ob feinstes Filet, nicht zu dünne Schnitzel oder Keulenfleisch am Stück – das Angebot und Ihr Geldbeutel entscheiden.

Rezeptregister

Die Autorin

Angelika Ilies arbeitet als freie Food-Journalistin und Buchautorin. Die weit gereiste Hamburgerin hat in London erste Verlagserfahrungen gesammelt, viele Jahre für renommierte deutsche Kochzeitschriften Rezepte entwickelt und schreibt seit 1989 als freie Journalistin über alles, was mit Essen und Trinken zu tun hat. Dass ihre Rezepte absolut alltagstauglich sind, leicht gelingen und wunderbar schmecken, dafür garantieren ihre kritischsten Testesser: Tochter, Sohn und ihr Mann.

Die Fotografin

Jana Liebenstein begann ihre Karriere als Fotografin in Australien, mittlerweile ist sie viel herumgekommen und kehrte nach einigen arbeitsreichen Jahren in Deutschland wieder in ihre Wahlheimat zurück. Sie lebt und arbeitet in Melbourne. Ihr Schwerpunkt liegt im Bereich Food, aber auch für People und Travel hat sie ein geschultes Auge. Dabei kommt in jedem Motiv ihr ganz persönlicher Stil zum Ausdruck.

Dieses Buch entstand in Melbourne in Zusammenarbeit mit dem Foodstylisten Michael Pannewitz und der Stylistin Lisa La Barbera, die sich perfekt um Requisite und Setaufbau kümmerte.

Ein großes Dankeschön des Fotostudios geht an Casalingo Foods. Wir bedanken uns auch sehr herzlich bei folgenden australischen Firmen/Personen für das Ausleihen wunderschöner Requisiten:
www.janettakerrgrant.com.au
www.potier.com.au
www.jeanninehendy.com

Syndication:
www.jalag-syndication.de

Projektleitung: Sabine Sälzer

Lektorat: Katharina Lisson

Korrektorat: Mischa Gallé

Satz: Knipping Werbung GmbH, Berg am Starnberger See

Innenlayout, Typografie und Umschlaggestaltung: independent Medien-Design, Horst Moser, München

Herstellung: Christine Mahnecke

Repro: Longo AG, Bozen

Druck: Firmengruppe APPL, aprinta druck, Wemding

Bindung: Conzella, Pfarrkirchen

Umwelthinweis: Dieses Buch ist auf PEFC-zertifiziertem Papier aus nachhaltiger Waldwirtschaft gedruckt. Um Rohstoffe zu sparen, haben wir auf Folienverpackung verzichtet.

ISBN 978-3-8338-2204-9
1. Auflage 2011

GRÄFE UND UNZER

Ein Unternehmen der
GANSKE VERLAGSGRUPPE

Unsere Garantie

Alle Informationen in diesem Ratgeber sind sorgfältig und gewissenhaft geprüft. Sollte dennoch einmal ein Fehler enthalten sein, schicken Sie uns das Buch mit dem entsprechenden Hinweis an unseren Leserservice zurück. Wir tauschen Ihnen den GU-Ratgeber gegen einen anderen zum gleichen oder einem ähnlichen Thema um.

Liebe Leserin und lieber Leser,

wir freuen uns, dass Sie sich für ein GU-Buch entschieden haben. Mit Ihrem Kauf setzen Sie auf die Qualität, Kompetenz und Aktualität unserer Ratgeber. Dafür sagen wir Danke! Wir wollen als führender Ratgeberverlag noch besser werden. Daher ist uns Ihre Meinung wichtig. Bitte senden Sie uns Ihre Anregungen, Ihre Kritik oder Ihr Lob zu unseren Büchern. Haben Sie Fragen oder benötigen Sie weiteren Rat zum Thema? Wir freuen uns auf Ihre Nachricht!

Wir sind für Sie da!

Montag–Donnerstag:
8.00–18.00 Uhr;
Freitag: 8.00–16.00 Uhr
Tel.: 0180-5005054*
Fax: 0180-5012054*
* (0,14 €/Min. aus dem dt. Festnetz/ Mobilfunkpreise maximal 0,42 €/Min.)

E-Mail:
leserservice@graefe-und-unzer.de

P.S.: Wollen Sie noch mehr Aktuelles von GU wissen, dann abonnieren Sie doch unseren kostenlosen GU-Online-Newsletter und/oder unsere kostenlosen Kundenmagazine.

GRÄFE UND UNZER VERLAG
Leserservice
Postfach 86 03 13
81630 München